AF250137

HENRI BARBUSSE

Voici ce qu'on a fait de la Géorgie

ERNEST FLAMMARION, ÉDITEUR
26, Rue Racine, Paris

DERNIÈRES NOUVEAUTÉS

Voici ce qu'on a fait
de la Géorgie

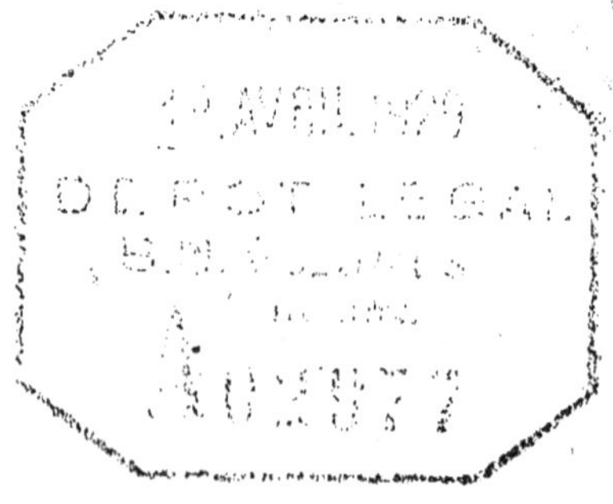

Il a été tiré de cet ouvrage :
dix exemplaires sur papier vergé d'Arches
numérotés de 1 à 10,
trente exemplaires sur papier vergé pur fil Lafuma
numérotés de 11 à 40.

OUVRAGES D'HENRI BARBUSSE

POÉSIE

PLEUREUSES *.

ROMANS

LES SUPPLIANTS, *épuisé*.
L'ENFER.
LE FEU *.
CLARTÉ *.
LES ENCHAINEMENTS (2 volumes) *.

NOUVELLES

NOUS AUTRES... *.
QUELQUES COINS DU CŒUR.
FORCE. L'AU-DELA. LE CRIEUR *.
FAITS DIVERS *.

ÉTUDES SOCIALES ET HISTORIQUES

PAROLES D'UN COMBATTANT, articles et discours *.
LA LUEUR DANS L'ABIME.
LE COUTEAU ENTRE LES DENTS.
LES BOURREAUX (La Terreur Blanche dans les Balkans) *.
JÉSUS *.
LES JUDAS DE JÉSUS *.
MANIFESTE AUX INTELLECTUELS (une plaquette).

Les ouvrages dont les titres sont suivis du signe * ont été publiés par la Librairie Flammarion.

HENRI BARBUSSE

Voici ce qu'on a fait de la Géorgie

ERNEST FLAMMARION, ÉDITEUR

26, RUE RACINE, PARIS

I

LES SOIRS DU CAUCASE

YANÉOULI

Cette file des figures d'un soir entre les soirs, s'est imprimée dans ma mémoire. Les gens étaient accoudés tout autour de la table dans la maîtresse salle de la maison de bois. C'était une scène douce, de repos et de soir, dont la grosse flamme crue du pétrole, au milieu, faisait un tableau cubiste parce qu'elle taillait du damier blanc et noir partout, de l'or sur les figures, de l'argent sur les blouses, et une grande affiche transparente sur le mur.

En attendant le samo'var et le dîner qui se préparent, tumultueusement et sourdement, de l'autre côté de cette cloison-ci, on est donc accoudés d'aplomb sur la table — maîtres de céans et hôtes d'un soir. On parle, on bâille, on sourit : lui avec sa figure d'intellectuel, lui et lui, côte à côte, avec leurs figures de paysans, et trois autres encore que je vois, jusqu'à moi, que je ne vois pas.

Pour venir jusqu'ici, nous avons chevauché

quatre heures au travers de barricades de ténèbres. A partir du moment où l'on a traversé le pont au milieu de la foule qui s'était rassemblée à la hâte et que nous avons haranguée à cheval en passant, les vallées et les plaines avaient noirci à vue d'œil. Ça a été presque fantastique, ce voyage aveugle de corps juchés et ballottés sur la musculature solide de la bête de montagne, et livrés chacun pour son compte au moteur animal, à travers lequel se répercutaient les cahots du sol, les coups d'enclume des pierres, l'écrasement des graviers. Tant qu'il y a eu des bouts de chemins, on a subi, du bassin à la tête, le rythme obligatoire et géométrique du trot. Puis nous avons dévalé, sans les voir, de terribles pentes dont l'oblique nous redressait brusquement le pivot du corps sur la selle, à chaque pas plongeant et dur choisi par le cheval, gravi des talus et des précipices de songe, et traversé des torrents dont nous entendions, sans les voir non plus, le déchaînement et le déblaiement d'eau. Quand on a, finalement, sauté à terre devant la fenêtre allumée de la maison de bois, dans le verger sombre aux arbres de lumière, on était pas mal raidis et les jambes en compas.

Où sommes-nous ? La France est loin. Même la Russie, elle est loin. Nous sommes dans la Géorgie, en plein rayon de Gouria, à Yanéouli, probablement en Asie (car c'est un point sur lequel les géographes n'ont pas l'air d'être d'accord).

Les hommes de Géorgie sont beaux. Certes,

plus je vais, moins je trouve de différences visibles entre les races : Depuis longtemps les croisements ont brouillé, avec des lignages en tous sens, les originalités fabriquées en série par les climats et par l'histoire, et le type ethnique pur surgit comme une exception, souvent même comme une caricature. Pourtant, les Géorgiens restent plus beaux que les autres hommes (pour les femmes, leur supériorité n'est pas aussi éclatante). Rappelez-vous : les pâtres à l'immense bonnet blanc floconneux, qui jalonnent les parois rocheuses, les champs en échelles, ou les déserts demi-herbeux, ont tous des yeux magnifiques, et tous, des ovales de visage parfaits sous leur grande boule de neige échevelée au soleil.

Je dévisage ces hommes-ci, successivement, à travers le murmure de leur voix qui va et vient : ce Kobidzé, ce Béridzé, ce Todria, entrevus un soir entre les soirs. Ce sont des gens simples, dans toute la splendeur de ce terme. Ils sont ouverts et nets, avec leurs regards intégraux et leur voix posée. On voit leur loyauté sur leurs faces, comme sur toutes celles de ce noble peuple.

Kobidzé, qui est un maître d'école, a parlé de cette Transcaucasie où on est, des routes d'émigration des races et des nations, qui se croisent sous nos pieds en ce lieu du vieux monde, des portes de l'Europe et de l'Asie, qui, justement sont ici et là, pas bien loin : des grandes choses continentales et universelles. Kobidzé est vêtu (comme les autres) de la blouse caucasienne de toile à col montant, qui se boutonne au milieu (la blouse russe, c'est sur le côté). Il porte le large et plat turban, couleur d'étoffe brûlée dont les deux bouts pendent ensemble, détordus, à droite de sa tête : on dirait assez un chaperon du xiv° siècle. Il nous a montré, dans le passé historique national (le passé est une table de marbre noir où cette mosaïque se dessine et se colore) quelques hautes figures émergeantes : la reine Thamar qui est partout présente, participant à toutes les légendes — et il n'est guère d'icônes géorgiennes et il n'est pas de murs intérieurs d'église, où l'on ne voie à plat le manteau hiératique démesuré, rouge d'or ou d'un sombre blanc ancien, surmonté du visage et de la couronne qui portent ce nom. Non moins sacrée dans l'âme populaire, l'image parlante du poète Chotan Rustaveli, contemporain de Thamar (et de Philippe-Auguste) et tout un cortège de paladins et de chanteurs de l'antique Colchide et de la vieille Circassie.

Kobidzé a donc célébré la gloire de la Géorgie qui brillait dans ses yeux, et tandis qu'il racontait les prouesses des ouvriers du beau passé semi-légendaire, les pendeloques métalliques de sa ceinture accompagnaient ses grands gestes d'un léger carillon, ses petits, d'un tic-tac d'horloge.

C'est pour murmurer, après :

— Nous avons beaucoup souffert, nous.

Le voici, pour ainsi dire, rentré dans la maison, dans la vie, dans la destinée vécue par la génération qui est par-dessus les autres. Et maintenant, on passe en revue toute la souffrance qui, après les périodes d'épopée, s'est abattue sur cette terre : la famine, la guerre, et encore la famine, et toujours la misère. (Et pendant les périodes d'épopée, ce fut aussi cela, sans doute, au fond.)

Ils parlent de leur existence à eux, de celle des vieux et des petits, en dessus et au-dessous d'eux, jusqu'aux jours où nous sommes. On ne peut pas empêcher ce coup d'aile en arrière. Les hommes sont comme ça. Ils ont besoin de faire voir leur passé terrible, de sortir les tragiques histoires qu'ils contiennent. Voici ce qui fut ici, là, tout autour, par exemple pendant l'esclavage tsariste.

« J'étais tout petit, entre mon père et ma mère. Ils étaient penchés sur moi, comme deux mères, parce que j'étais malade. Il me fallait du lait. Le percepteur à qui on devait deux roubles, est venu prendre la vache et l'a emmenée, au milieu des supplications et des larmes (et elle-même, elle ne voulait pas). — Ma petite sœur vendait des fleurs. Un riche jeune homme est passé dans sa voiture, a pris tout le panier — et comme elle réclamait le prix, il l'a fait payer à coups de fouet par son cocher, jusqu'à ce qu'elle fût par terre, ne bougeant pas plus que ses pauvres fleurs de tout à l'heure... » Voici ce qu'ont fait, raconte chacun, le fonctionnaire du tsar, le percepteur, le noble, le Russe abhorré, le Turc et l'Arménien qui ne pouvaient se voir sans se jeter l'un sur l'autre, griffes en dehors — le tout sur le dos du pauvre monde.

Il faut dire que dans la région, il y a surtout des Géorgiens purs, mais il n'y a pas que cela. Il n'est pas un coin de la Géorgie où il n'y ait que des Géorgiens. Dans toute la Transcaucasie, des nationalités diverses sont géographiquement tissées les unes aux autres — et quel bariolage ! Il m'a été impossible d'en établir exactement la nomenclature. Nous pouvons mettre en fait qu'il y en a bien une quarantaine. Je mentionne : les Arméniens, les Turcs, les Turkmènes, les Kurdes, les Mingréliens, les Russes, les Grecs, les Tcherkess, les Juifs, sans parler des Ossétines, des Svan, des Abkhasiens, des Lesghines du Daghestan, des Ingouches, des Karatchaï — les uns sortis du sol, les autres venus d'ailleurs. La bousculade de tous ces gens-là — autant de nationalités, autant de haines massives — a été pendant le cours des âges le fléau de la Géorgie, et cela de plus belle sous la férule des tsars et sous le gouvernement menchévik qui s'installa ici après la dégringolade de l'autocratie impériale.

Il n'y a pas rien que Yanéouli en Géorgie ni même dans le rayon de Gouria.

— A Ozourgeti... disent Imaitchevli et Korgmenatzé.

Quant à moi, je connais Ozourgeti. J'y ai habité. J'en ai parcouru les rues et visité bien des maisons. C'est plus important que Yanéouli qui est un petit village perdu et dont je n'ai parlé ici que parce que c'est un petit village perdu, où la vie et l'âme du paysan se surprennent à nu. Ozourgeti est le cœur de l'arrondissement de

Gouria. Imaitchevili et Korgmenatzé, qui sont quelque chose dans l'administration d'Ozourgeti, en racontent l'histoire — l'histoire de ruine et de douleur :

« Voici, disent-ils, ce qui en était à la veille de la guerre : Malgré un niveau « culturel » (il faut s'habituer à cette terminologie), élevé — l'habitant était pauvre. Peu de terre, rares et monotones cultures de maïs, avec quelques fruits. J'oubliais : une centaine d'hectares de thé.

« De grands domaines princiers écrasants. Des gens larges et vastes à eux seuls comme une foule, les acquéraient à bon compte. Il en était ainsi dans toute la Transcaucasie. Le prince d'Oldenburg obtint pour quelques milliers de roubles, à Gagri, un domaine qui valait des millions, — voilà ce que c'est que d'être de la famille impériale, — et le Grand-Duc Michel Nicolaiévitch vola à Borjom 70.000 hectares. C'est bien simple : il en avait envie, il s'y installa, et en expulsa les paysans. Des ministres ou ex-ministres encombraient les plus belles régions avec leurs énormes propriétés. Pour en revenir à chez nous, pas de chemin de fer : nous étions une île triste.

« La politique tsariste consistait à tirer tout ce qu'elle pouvait, en travail et impôts, de ses colonies caucasiennes, mais surtout à russifier, c'est-à-dire à racler sur l'habitant tout le Géorgien, pour en faire un bon Russe informe et ignare, ignare surtout, la culture de l'ignorance étant le procédé de règne. Surtout, qu'on ne parlât pas géorgien ! Guerre officielle à la langue locale, défense terrible de s'en servir.

« Songez, amis, que le Congrès de la Noblesse russe, qui s'est tenu en 1910 à Saint-Pétersbourg, a supplié le pouvoir impérial : « Qu'on n'ouvre plus d'écoles primaires, secondaires, ou d'universités dans toute la Russie avant d'avoir préparé suffisamment de maîtres religieux et loyalistes ; que les enfants des paysans soient admis moins facilement dans les écoles et les universités, et que les Juifs en soient exclus. »

« Ces belles directives russes étaient fort bien appliquées — appliquées à tour de bras. La bête de somme des campagnes (je parle du paysan) n'y trouvant plus sa pitance, ne songeait qu'à s'évader de son pays, et la plupart des habitants partaient pour Batoum et Odessa, pendant l'hiver, pour trouver du travail.

« Pourtant, d'autres, avaient un grave défaut, par ici : Ils ne voulaient pas se laisser faire. Ah ! on n'aimait pas les Cosaques, chez nous ! Même avant la Révolution de 1905 — sanglante répétition générale de la révolution russe — nous passions pour révolutionnaires. On disait en parlant de nous : « La république de Gouria. » Et je vous réponds qu'à cette époque, le mot république sonnait bigrement fort. Les deux tiers de la population — plus, même — étaient affiliés ou sympathisants à la section russe de la Social-Démocratie Internationale. Mais nos démonstrations révolutionnaires étaient successivement retombées sur elles-mêmes, et notre sursaut dans

le mouvement de 1905 fut atrocement maté.
Nous les avons connues, les bandes noires **du**
Dr Doubrovine, (les bandes blanches d'alors),
et les khouliganes — les apaches — de l'*Union
du Peuple Russe!* Tout ça s'est déchaîné ici,
à charge de faire disparaître les plus remuants,
et de faire rentrer dans la peau des survivants,
par le bâton, le coup de poing, le knout, ou
autrement, l'amour de l'autocratie russe. Pour
leur apprendre à vivre impérialement, combien
en ont-ils tué ! J'ai vu, moi, au nord du Caucase, dans la région d'Armavir, des Cosaques
écrire au poignard sur la peau des paysans
(avant de les égorger) : Liberté et Paix, parce
que c'est cela que ces pauvres gens demandaient,
et leur fendre l'estomac, et y fourrer des grains
de blé, puis recoudre — parce que c'est ça aussi
qu'ils voulaient.

« Il y a bien eu, comme vous savez, un semblant de réforme libérale, là-haut, après 1905.
Cette réforme de façade se traduisit ici par l'abais-
sement du prix en nature du fermage ou plutôt
du métayage des terres, restées aux mains des
riches et des nobles, de 50 à 10 %. Mais cela ne
dura pas, l'effet démocratique de publicité étant
produit. Dès 1907, retour aux prix forts et aux
méthodes russo-tsaristes sur toute la ligne. On
recommença à crever de faim, dans ce pays inor-
ganisé exprès et soigneusement privé de moyens
de transport et de débouchés. Il y en a eu, des famines — presque autant que de saisons ! Mais
sous le tsarisme, c'était interdit d'en parler : En

1898, défense formelle et officielle à la presse de mentionner les famines. En plus, Nicolas II, le Petit Père, a défendu de secourir les affamés sans l'autorisation de la police.

— Mais après la révolution ?

— En 1917 ? La Géorgie s'est, paraît-il, trouvée indépendante. On le disait, mais à part cela, aucun changement pour l'habitant. Quand les dépôts militaires de ravitaillement de Tiflis ont été épuisés (sans méthode), on s'est trouvé Gros-Jean comme devant. En 1918-19, une famine monstre a passé par ici. En 1920, on ne voyait ici que des faces désappointées, et pas contentes.

— Les ouvriers ? Je ne citerai que le cas des ouvriers mineurs, parce que j'en suis, dit une silhouette. Non seulement situation misérable, mais situation dangereuse pour nous tous. Délabrement des galeries, partout ; menaces d'éboulement, et rien n'a été fait par les menchéviks pour protéger le travailleur, pas l'ombre d'une réparation. Ils disaient : « Ça durera bien autant que nous ». Ils ne se trompaient pas : après eux, le déluge. Presque tout s'est écroulé.

« La terre et les usines restaient dans les mêmes mains. Si tu voulais de la terre, il fallait l'acheter. »

A ce moment, notre ami Nogadov ouvre une parenthèse. Ce camarade est très savant et il est porté sur les vues d'ensemble. C'est un généralisateur. A propos de partage payant de la terre, il rappelle l'énorme opération commerciale faite par les tsars en 1861. Ils ont distribué 33 millions d'hectares à 20 millions de paysans. Ce grand coup-là a fait déborder l'enthousiasme de l'opinion publique dans le monde entier : le maître de toutes les Russies partageant la terre entre les pauvres et résolvant la question agraire par un lumineux coup de sceptre ! Mais en réalité, il faisait payer, et ce n'était là qu'un bon placement, et même qu'une spéculation. Dès le 3 mars 61 commença le règlement. Le tsar indemnisait les ex-propriétaires, soit 897 millions de roubles. Il se faisait rendre cela par une redevance, un impôt. En 1905, les populations paysannes avaient payé un milliard et demi de roubles, et en devaient encore 15 millions. C'était pire que la misère, dans les campagnes : une misère envenimée de dettes.

« Pour en revenir aux menchéviks qui ont gouverné la Géorgie à partir du moment où ils ont cru bon de se séparer du pouvoir central révolutionnaire dont ils étaient issus à la suite des événements de février et de mars, et de faire bande à part, à leur idée, dans la libération de toutes les Russies, — ils ont eu la même attitude et la même tactique que le tsarisme dans les questions nationales : exciter les haines nationalistes les unes contre les autres. D'ailleurs les menchéviks, qui se disent socialistes, ont bien changé depuis le temps, et on peut dire qu'ils ont fait victorieusement du contre-socialisme.

« Quand des hommes se sont levés pour défendre la cause des paysans esclaves, ils ont cogné dessus aussi dur que l'avaient fait les Russes du

Nicolas de Moscou ou de celui de Tiflis. Il y a eu pendant cette période, ici, une petite révolution populaire qui a abouti à la conquête de Tchokotaouri, Soupza, Lanéhouti, et à la prise du pouvoir pendant deux jours. Cela fut broyé par les menchéviks qui fusillèrent quinze révolutionnaires et en emprisonnèrent trente-six.

« Les menchéviks ont tué Abolatzé, qui était communiste, Sanikitzé qui était sans parti, Tchonnikitzé, qui était sans parti. Ils ont tué 60 révolutionnaires (14 communistes). Or qu'est-ce que c'étaient que les communistes ? Des prometteurs de lune ou des arroseurs de sang ? Pas du tout. D'honnêtes gens qui prétendaient honnêtement que la révolution devait amener la terre aux paysans, l'usine aux ouvriers et la paix entre les races par le travail commun. On ne peut pas être un homme loyal sans être révolutionnaire, et on ne peut pas être révolutionnaire loyal sans être bolchévik.

— Il y a des honnêtes gens qui ne disent pas ça.

— C'est qu'ils ne savent pas.

Les menchéviks ont fait en 1920 une convention avec les communistes, leur assurant la légalité, mais, c'était pour mieux les connaître, et les arrêter — ce qui eut lieu deux jours après la signature de la dite convention : une centaine d'arrestations, une cinquantaine d'expulsions. Des hommes qui sont ici ont été personnellement victimes de ce guet-apens, qui a failli coûter la vie à l'un d'eux, condamné à mort, et ils nous en étalent des preuves écrites sur la table.

« Donc, reprend le narrateur, la famine et les massacres ici, et pour comble, un peu plus loin, les Anglais (ils étaient à Batoum). Il ne nous restait plus qu'à chanter, en douce, notre vieille chanson locale : « Nous sommes très pauvres. Nous ne pouvons vendre nos œufs ni nos poulets frits. La milice mange tout. Pourtant les spéculateurs vendent leur bétail à la ville. »

Voici que la porte du fond, lentement, s'ouvre avec un bruit encombré de vaisselle et de verres, et que des mains aux bras nus chargent la table, au milieu de nous, d'un amoncellement qui brille. Le dîner. C'est le pot-au-feu couleur groseille, jaspé de crème, les brochettes de mouton (qui sont tellement le plat national qu'on ne peut pas voir cela sans évoquer à côté une silhouette à bonnet d'astrakan et à grande houppelande cintrée, barrée de cartouches), le poulet frit, et la galette de maïs dont il faut manger les morceaux brûlants et fumants, car à mesure qu'ils se refroidissent, ils deviennent pierres pour l'estomac.

La conversation se brise et se diversifie. Le chef de table formule des toasts — c'est presque toutes les dix bouchées, selon la méthode géorgienne. L'interpellé (car chaque toast s'adresse à quelqu'un qui est là), répond — et alors une chanson étrange, aiguë et pénétrante, sort en son honneur de la gorge de plusieurs convives graves et recueillis. C'est une mélopée ample d'une discordance harmonieuse, qui vous électrise, vous poignarde doucement.

Puis après, naturellement, un concert. Les musiciens s'asseyent sur des chaises, avec des instruments nationaux dans les mains et sur les genoux. Ils en tirent des mélodies et des chants populaires, les géorgiens, les kurdes, les mingréliens, les tatares.

Toutes les chansons populaires du monde parlent le même langage : d'abord malgré tout, elles disent la joie de vivre, la jeunesse inusable du printemps et des caresses, le charme des habitudes — parce que l'âme des hommes est, bon gré mal gré, allumée par le soleil, et qu'elle voit ce qu'elle désire. Mais elles disent aussi, et surtout, la récrimination et la plainte contre l'injustice du sort, le poids du travail qui exagère, la méchanceté de la destinée — cette destinée qui a des noms propres —, le cri de colère et de révolte (et quelques-uns sont si intenses qu'on dirait des oiseaux qu'on sacrifie), ou le soupir de résignation avec son bruit sourd de terre. Ecoutez, de très loin, la prière que chantaient les Kobzars ambulants du xviie siècle, au temps des Troubles, alors que les Polonais, maîtres du Kremlin, ensanglantaient la Ville Sainte : « Justice, notre mère aux ailes d'aigle, où te trouver ? »

Les lieds et les légendes sont des bijoux vivants où les peuples, misérables même lorsqu'ils sont glorieux, ont serti leur malheur. Ce sont les aveux des foules, les sanglots de l'histoire.

Ces instruments de musique, ces flûtes montagnardes, ces vagues guitares ou violons ronds comme des courges qu'on pose sur le genou et qu'on anime avec les doigts ou l'archet, ont dans leurs modulations, leurs exclamations ou leurs criailleries, des accents tellement poignants et purs, que je ne veux pas les affubler, dans ces pages-ci, de leurs noms exotiques qui les feraient passer pour des étrangers. Je ne me rappelle que ce qu'ils disent : la prière furieuse à la vie contre le cauchemar qui monte du passé jusqu'ici : la guerre, la ruine, la dévastation d'une réunion d'êtres. On n'en pouvait plus, c'était la fin, c'était le fond de l'abîme.

Mais Béridzé, l'ancien noble, qui ne diffère des autres que parce qu'on sait qu'il fut noble (sans doute prince), dit :

— C'est de la vieille histoire.

Il est tard. Le rideau tombe sur ce fragment de scène pendant que l'un des assistants murmure :

— Demain, nous parlerons d'autre chose.

AKHALKHALAKI

Ensuite, d'autres soirs et d'autres jours ont
passé, et voici, sur l'écran où nous cherchons en
tâtonnant une leçon de choses, une autre scène de
soir qui s'imprime, assez pareille, pas bien loin ;
à Akhalkhalaki, chef-lieu d'ouiesd (arrondissement), toujours en Géorgie.

Nous sommes dans la maison de Nazarov. Ce
soir aussi, quelque chose de familial et d'assuré
règne dans notre réunion et nous appuie ici, et
il y a des figures de femmes. On parle, à cœur
ouvert et loyalement, des choses qui furent. On
parle faits et non théorie. On recueille, et on contrôle le nouveau avec ce qu'on a déjà recueilli.
Nous commençons à être solidement documentés, et nos notes, dans nos poches, font corps avec
nous.

Aujourd'hui, c'est en automobile qu'on est
arrivé ici, par des chemins dressés comme des
échelles sur les montagnes et qui nous ont soufflé
parfois le blanc et le froid des neiges éternelles
(l'automobile était un tobogan qui monterait),

puis, en plaine, par des pistes terreuses noires comme le charbon, aux terribles squelettes de pierres — et la voiture, tout en faisant gicler la boue ténébreuse ainsi qu'un canot à pétrole, dansait parfois sur l'échine des roches.

Nous avons parcouru la grandiose étendue grise où les cultures attendent sous leur uniforme couverture. On n'y voit que des poteaux télégraphiques, le nuage international des corbeaux (ceux-là pourtant ont des casaques gris-perle), et tournant dans tous les sens, loin ou près, des aigles aux ailes fouettantes et rectangulaires. Des villages : les villages arméniens couleur d'ardoise dont les maisons carrées et plates sont des caissons gris. Quand ils apparaissent sur un coin de plaine ou de montagne, ces villages prennent la forme de stratifications géologiques, de cristallisations basaltiques. Qu'on s'arrête et qu'on s'approche : au seuil de ces maisons à angles droits, recouvertes de dalles, avec leur porte caverneuse de dolmen, on voit s'animer une platebande de couleurs vives dans le désert : des femmes aux fichus orange, rose vif et bleu, dont les yeux et la bouche rient, des hommes dont le turban de lainage roussi s'agrémente parfois d'un chiffon écarlate, et des chariots qui sont, montées sur roues, des barques souples faites de tapis multicolores tendus sur des perches obliques.

Nazarov ressemblait de loin, à un instituteur, avec ses lunettes. De près, et malgré ses lunettes, il ressemble à un soldat. C'est un homme instruit et actif, prodigieusement au courant des affaires locales. Ferme, sûr de lui, entêté et curieux, il présente d'une façon très vivante — d'une façon balzacienne — un type réussi d'esprit d'organisation ponctuel, et d'énergie expéditive.

D'autres hommes, qui sont d'ici et d'ailleurs, attendent autour de la table servie. On leur a demandé de venir pour répondre à toutes les questions, et fouiller avec nous la vie d'alentour.

On dirait qu'un énorme bonhomme aussi sombre et fourré qu'un ours, est pendu au mur. Je le signale parce qu'il me tirait l'œil. C'est un de ces manteaux en carton de feutre velu qui forme coffre. Le cavalier ou le piéton qui s'emboîte là-dedans devient un géant aux noires épaules architecturales, et la pluie bat sur lui comme sur des portes. Le manteau-guérite fait partie du mobilier, comme le tapis aux bandes et aux losanges de nuances crues, qui couvre le mur, puis descend couvrir le divan et s'étendre devant par terre.

Donc, on parle, comme l'autre soir, par une sorte de pente de l'esprit, des choses de jadis et de naguère, du vieux passé et du jeune passé.

Ce territoire que j'ai résolu d'examiner à la loupe, comme ceux d'Akhalsikh et d'Ozourgeti, est tout de même assez grand : à peu près la moitié d'un département français, exactement 2.518 kilomètres carrés. C'est un des ouiesds de la Géorgie actuelle. Il contient 14 thémis (cantons) (1) et 114 villages. S'il en est de plus larges,

____

(1) Dans le reste de l'U. R. S. S., on dit *volost*: Une *dizaine*

il en est peu de plus hauts, puisqu'il renferme des plateaux de 1.700 mètres et des chaînes de montagnes tout autour, notamment celle de Samsark où le mont Aboul a poussé jusqu'à 15.466 pieds.

A Yanéouli et Ozourgeti, les habitants étaient surtout des Géorgiens purs. Ici, ce sont surtout des Arméniens : 85 pour cent. L'ouiesd d'Akhalkhalaki touche l'Arménie soviétique et l'Arménie turque (l'autre jour, en avant du poste frontière, nous avons fait quelques pas sur ia terre turque, et nos pieds ne s'en apercevaient pas). Pas mal de Turcs aussi, et tout de même bon nombre de Géorgiens. A peine de Russes (dix fois moins que d'Arméniens).

Nazarov est arménien. Il parle tantôt en arménien, tantôt en russe, tantôt en turc, suivant son interlocuteur. Moi qui ne parle que le français, je serais au milieu de ces gens comme un décapité, si mon ami Doukhovni, qui ne m'a pendant des mois guère plus quitté que mon ombre, et une foule d'autres amis qui m'ont entouré sans cesse en se renouvelant, ne m'avaient, si je puis dire, multiplié, et rendu directs les contacts indirects. Aussi bien, puisque j'ai ouvert cette parenthèse, j'ajoute que ce mouvant entourage qui m'a permis de faire en un trimestre un travail complet qui eût été interminable et peut-être impossible dans d'autres conditions, ne m'a jamais

de villages forme un thémi ou volost. Une dizaine de thémis, un ouiesd ; plusieurs ouiesds forment, au Caucase, une république, et ailleurs, un gouvernement.

dirigé même dans les plus petites choses, s'est toujours laissé conduire par moi, et n'a jamais failli d'obéir à mes quatre volontés.

Et maintenant, voici l'histoire d'Akhalkhalaki à travers des yeux et une cervelle du crû : « Il y a un siècle, puisque c'était en 1828, que les Arméniens du villayet turc d'Erzeroum sont venus ici, chassés par la guerre. Ils ont occupé la plaine, y ont posé un copieux réseau de villages, et y ont semé le blé, car ils en avaient l'habitude.

« Dans la région sont venus également des Doukhobores russes (sectes de réfractaires), mais plus tard, en 1842. Ils furent refoulés par l'intolérance tsariste qui n'aimait pas ces espèces de tolstoïens d'avant Tolstoï, dans la montagne, qu'ils peuplèrent. Ces Russes en marge de la Russie sont restés sur les hauts plateaux. Par conséquent, les hommes de la plaine devinrent agriculteurs, comme, aux temps bibliques, les gens de Caïn, et les hommes de la montagne furent pasteurs, comme ceux d'Abel. Les Turkmènes et les Géorgiens voisinaient avec les Arméniens. Les Kurdes occupaient la vallée du fleuve Koura. Mais tout cela ne donnait pas grand'chose comme résultats économiques, surtout du temps où les frères étaient ennemis. Il y eut toujours, par exemple, pénurie de bétail par ici, et, comme jardins et vergers, on ne vit jamais qu'une petite bande qui n'a guère grossi pendant les âges. Le tsarisme se moquait pas mal de l'intérêt des paysans : il ne songeait qu'à dénationaliser les populations vassales et qu'à entretenir soigneusement l'antagonisme et la guerre entre elles. Le gouvernement russe était opposé à la civilisation par principe souverain. « Moins il y aura d'instruction et plus il y aura d'obéissance », disait-il solennellement. A part les histoires de Turcs et d'Arméniens, et dans les entr'actes, la vie du paysan était patriarcale et primitive, végétative pour mieux dire. Une tranquillité crasse. Le rural, très pieux et ténébreux, vivait l'œil fixé sur le royaume des cieux et ne se souciait pas beaucoup de regarder à ses pieds, par terre, ce qui est un comble pour un cultivateur. Les sorcières étaient les tyrans des hommes, et les hommes les tyrans des femmes, et la famille vivait dans l'étable, craignant le médecin.

« Les fonctionnaires ne favorisaient que les riches et cherchaient à s'enrichir (le chef d'ouiesd, le commissaire de ville, et les deux commissaires de section). Ils étaient féroces, mais à la vue du morceau d'argent rond, leur cœur devenait mou. On tapait dur sur l'homme pas riche quand il n'était pas content.

« Lorsqu'autour de 1905, après les victoires japonaises, les symptômes révolutionnaires apparurent dans cette masse écrasée, le tsarisme usa de son contre-poison coutumier : il s'ingénia à exciter les nationalités les unes contre les autres.

« Après la chute du tsarisme, ce fut exactement la même chose. Les trois partis qui dominèrent alors la Transcaucasie d'un bout à l'autre : les dachnaks, les menchéviks et les moussavatistes, avaient chacun des fondements solidement nationalistes et une action chimique énergiquement chauvine, l'un tenant pour une grande Arménie comprenant l'Arménie turque (qu'il poussa à la révolte et qu'il fit massacrer), l'autre pour les Géorgiens chrétiens, l'autre pour les Turcs. Ils ne purent, pour cette raison, rester unis, malgré les proclamations faites aux foules du haut des tréteaux, et ce qui devait arriver arriva : Sous le signe de la croix, les dachnaks et les menchéviks, entraînant Arméniens et Géorgiens, se réunirent sous la direction de chefs dachnaks : Ousoul, Khatcho, Nikol, pour attaquer et ravager les villages tatares de notre ouiesd. La population musulmane, extirpée et balayée de la sorte, se réfugia en Turquie ou dans la région fortifiée de Khertvis. Mais en mai 1918, les Turcs indigènes pénétrèrent sur le territoire d'Akhalkhalaki avec l'armée régulière turque, détruisirent tout ce qu'ils rencontrèrent — il ne resta que six villages catholiques et six villages doukhobores — et mirent en fuite à son tour la population chrétienne qui dut se réfugier dans le fond de la Géorgie, vers Tsalka et vers Bakouriane, les mains vides et bientôt le ventre vide : ces gens avaient perdu leur pays avec tout ce qu'il y avait dedans. Le gouvernement menchévik de Géorgie les força à rester entassés dans des régions montagneuses terribles, où les privations, le dénuement et les maladies en firent mourir près de la moitié.

« Après le traité de Batoum, les survivants, nus et ruinés, rentrèrent chez eux, mais ce fut pour subir de la part des menchéviks (et parce que les naturels d'Akhalkhalaki étaient Arméniens et non Géorgiens) des vexations et des persécutions du même genre que celles qui s'abattaient sur les musulmans. Si bien — je vous fais grâce des détails — que les Turcs, n'en pouvant plus, se soulevèrent éperdument, chassèrent les menchéviks, et, exagérant dans l'autre sens, proclamèrent l'ouiesd comme faisant partie du gouvernement de Choura, sous le signe du Croissant. Cet état de choses turc qui se répercuta douloureusement sur les chrétiens, fut interrompu par l'arrivée des Anglais, lesquels supprimèrent le gouvernement de Choura et baptisèrent, avec une originalité toute anglaise, notre ouiesd : « Monte-Carlo ». Ils s'en allèrent, après avoir fait cadeau du pouvoir aux menchéviks. Ceux-ci le gardèrent jusqu'au début de 21. »

Il faut le dire bien haut, parce que c'est la vérité, s'écria un autre parleur : les menchéviks géorgiens pendant leurs trente mois de règne, n'ont rien fait ici pour améliorer le sort du paysan, relever le niveau de l'habitant, panser les plaies des gens et de la terre, donner ou redonne‐ quelque impulsion à l'agriculture dans ces campagnes-ci. Je parle de choses que j'ai suivies de l'œil et que j'ai vécues, de choses dont on peut montrer du doigt la preuve à ceux qui viennent. Les menchéviks géorgiens n'ont jamais pensé qu'à une chose : traquer et éliminer tout ce qui n'est pas Géorgien.

« Lorsqu'ils sont partis, non pas à la suite d'une bataille, mais par panique, trois semaines à l'avance, les Turcs ont profité de ce qu'il n'y avait plus de force armée dans l'ouiesd, pour l'envahir une bonne fois de plus, et y commettre d'affreuses déprédations. »

Il est vrai, comme le dit cet homme, qu'on ne compte plus les ravages accomplis ici par les Turcs. Le rouge du sang a disparu, mais partout, s'étalent des villages rasés, pointent des maisons aux calcaires roussis, lamentables bûchers d'une population ou d'une famille. Aujourd'hui même, tout à l'heure, nous avons vu, de l'autre côté de la vallée, et dominant la ville actuelle d'Akhalkhalaki, un vaste écran de hautes maisons déchiquetées, crevées de part en part, aux bords arrachés comme du papier. Le vent en tirait de la poussière de pierre.

— L'autre jour, nous dit Todria, vous l'avez vu, lorsque j'ai prononcé un discours, j'ai pleuré. Je n'ai pu m'empêcher de pleurer, parce que je suis venu souvent ici, et que je me rappelais qu'en 1921, il n'y avait pas à Akhalkhalaki une maison où l'on pût dormir.

Ce Todria-là est un vieux et tenace militant. Au temps du tsarisme, il a conspiré, et il y a au musée de la Révolution, à Moscou, une machine typographique clandestine qui fut faite et maniée par lui (il en a fait bien d'autres et bien d'autres choses aussi). Il fallait vraiment une raison forte pour lui rapprendre à pleurer.

Bref : à force de guerres, d'expéditions et de représailles qui sont tombées par ondes successives sur les paysans déjà en proie à la plus avare des destinées, et par la faute de ceux qui ont préché la croisade contre le Turc et l'Arménien, contre le frère étranger, il ne restait plus grand'chose debout dans l'ouiesd. De 93.000 en 1914, la population avait lugubrement dégringolé à 66.000 : elle avait diminué du tiers.

C'est le même bilan que l'autre soir : Ici, on était aussi au fond de l'abîme.

Un de nous était un Turc (comme je le disais plus haut, ce sont des choses qui ne se discernent pas tout de suite à l'aspect). Il dit :

— Moi, je suis Turc. Mais je suis, encore plus, s'il est permis de s'exprimer de la sorte, un habitant de l'ouiesd d'Akhalsikh qui est voisin de celui-ci, et très pareil de l'autre côté d'une limite que personne ne voit à l'œil nu. Là, les miens sont installés depuis des temps, et comme les miens, et comme beaucoup d'autres, je suis un bon et loyal citoyen de mon ouiesd, de ma Géorgie, n'ayant jamais conspiré que contre les bourreaux avérés. Et j'ai des regards qui ne mentent pas, si je puis dire : je distingue très bien, moi, sur le dos des gens, l'écriteau où il y a écrit : bourreau !

« Or, dans l'ouiesd d'Akhalsikh, il s'est passé identiquement, avant et après la grande guerre, ce qui s'est passé ici, et que les camarades ont raconté. Chez nous la population est surtout turque : 74 % de Turcs, 14 % de Géorgiens, 11 % d'Arméniens, 1 % de Juifs. Bien entendu, on végétait à Akhalsikh, et le sort des travailleurs était piteux. Pas de chemin de fer reliant notre ville au reste du monde. Il fallait aller

jusqu'à Borjom pour trouver le rail. Il y
avait, comme des couvercles sur la terre, de
grandes propriétés débordantes, étouffantes et
stériles pour les affamés, qui appartenaient aux
riches. Le gouvernement de Nicolas, comme
celui des Alexandres et des Nicolas antérieurs, ne
s'occupait du pays que pour le pressurer et en
entretenir soigneusement l'ignorance. Dans les
treize pauvres petites écoles de l'ouiesd, on n'en-
seignait, en tout cas, que le russe. La femme
était esclave : on la vendait. On écorchait la
terre avec des charrues de bois. Il n'y avait pas
d'hôpitaux dans toute la région.

« Après la révolution de février, on dit : Il va
venir la liberté. Mais ce furent les menchéviks
qui vinrent. Ils n'avaient, on est obligé de le
rabâcher, qu'une idée fixe : purger la terre de
l'Arménien maudit, et s'ils ne disaient pas tout à
fait la même chose du Turc, c'est qu'il y avait des
Géorgiens musulmans, ce qui compliquait l'affaire. Mais Géorgiens musulmans et Géorgiens
chrétiens étaient à couteaux tirés : ils l'ont
prouvé dans des circonstances mémorables où le
paysan fut, lui, la tête de Turc.

« Aussitôt établi le pouvoir prétendu social-démocrate, les luttes entre nationalités ont pris le
caractère aigu : expulsions d'Arméniens, assassi-
nats, attaques, toute la table des matières de la
guerre civile. Malheur aux villages arméniens de
Géorgie ! Peut-on compter les deuils semés par
l'odieux Djougheli, commandant de la Garde Nationale, qui rien que dans la province de Bort-

chalou, incendia, égorgea, démolit, viola, spolia, je ne sais combien de villages !

« A un moment donné, ce fut bien simple : il ne s'agit de rien moins que de la mise hors la loi des 300 à 400 mille Arméniens établis en Géorgie. Le gouvernement menchévik les persécuta affreusement, ne daignant accorder qu'aux menchéviks arméniens des sauf-conduits ainsi libellés: « Arménien, mais non passible de prison. »

« Quelques rares citoyens essayèrent d'élever au-dessus du tohu-bohu sanglant, les revendications populaires, et de faire une propagande pacifique : un petit Parti Communiste de rien, qui n'avait aucun pouvoir à l'encontre des autorités géorgiennes. On l'accusa d'être anti-nationaliste. Il l'était dans le grand sens du mot puisqu'il repoussait la guerre de races. Mais il ne faisait pas de complots, et ceux qui ont dit cela ont menti. On le décima. On fusilla onze communistes.

« Et qu'est-ce qu'on a fait ici, d'autre part, pour le bien-être et pour la dignité de la foule ouvrière et paysanne ? Rien du tout. S'il y eut dix écoles en plus, on n'y faisait pénétrer que du russe dans le crâne des petits Géorgiens.

« Nous payions en moyenne sept roubles d'impôts sous les tsars. Sous les mencéviks on en payait à peu près autant : cinq. Avant guerre, il y avait dans l'ouiesd (notez que nous avons douze thémis et plus de cent villages) 45.000 bœufs. Sous les mencéviks, 40.000 (et les bœufs font partie des charrues). Pour les espaces cultivées, une chute vertigineuse du chiffre.

Presque impossible au travailleur, à un moment donné (c'est ça qu'on appelle le progrès démocratique) d'atteindre les produits de première nécessité : ils étaient allés se percher à des tarifs surhumains. Le gouvernement menchévik avait beau inventer de l'argent (la livre sterling qui faisait en 1917 neuf roubles géorgiens, en faisait mille, (au début) et sept mille (au milieu) de l'année 1920), le prix de la vie courait plus vite encore, et en passant devant les marchands, l'ouvrier géorgien constatait que le pain, les étoffes, les bottes et le sucre avaient augmenté de 100.000 % : vous pouvez lire ça dans le journal démocrate nationaliste *Sakartvelo*, de novembre 1920. »

Un autre timbre de voix reprit :

— Avec le rouble et demi que gagnait en moyenne l'ouvrier qui peinait avant guerre en Géorgie, il pouvait acheter : ou bien un poud de farine blanche, ou un poud de pain noir, ou bien dix livres de viande, ou bien dix livres de sucre... Avec les 240 roubles que touchait chaque jour le pauvre bougre de 1920, avec tout son salaire quotidien, il obtenait tout juste deux livres de pain noir, ou bien, à son choix, une livre et demie de farine, ou deux livres de viande, ou une demi-livre de sucre. Il était fichu : d'ailleurs, les gens du gouvernement le disaient en toutes lettres à Tiflis.

« Moi, conclut le parleur, je ne suis pas un politicien. Mais j'ai toujours vécu là, et j'y prolonge la vie de mes parents et de mes grands-parents,

et de toute la série passée, autant que je le peux,
avec mes mains, ma tête, et mon cœur. Et cela
me démolit la machine à penser quand on nous
pousse les uns contre les autres, nous, conci-
toyens et travailleurs, pour des raisons qui ne
sont pas du tout l'intérêt des peuples, ni l'intérêt du peuple. Devant ces choses, qui saignent
et qui fument encore tout autour, un avocat habile peut dire ce qu'il veut, et ne dira rien de
bon. »

LÉNINAKAN

Cette soirée qui vient ici à sa place, a maintenant pour décor invisible un autre pays. Nous sommes à Léninakan. Plus précisément, nous sommes dans le wagon qui nous a amenés d'Erivan, à la fin du jour. Il stationne là, et nous allons y manger et y causer avec ceux qui sont venus vers nous à notre appel.

Ces carrés noirs des portières qui s'ouvrent de tous côtés, nous cachent l'Arménie, la vieille Arménie maternelle, un des foyers de l'humanité, une des terres qui fut le plus déchirée et le plus frappée dans l'histoire des hommes. Si on divisait la tragédie universelle des temps en actes, il y en aurait un tout entier, terrible, qui serait le martyre de l'Arménie. Seuls, les Juifs peuvent trouver pire dans leurs annales.

Mais l'Arménie dont je parle ici, celle que je veux approfondir et connaître en commençant par quelques cercles précis où je me transporte pour y saisir des formes et des résultats qui soient palpables, — n'est pas toute l'Arménie,

c'est la moitié qui fut russe et qui est maintenant
soviétique. L'autre moitié, survivante — presque
plus survivante, hélas — de massacres historiques ineffaçables, comme celui qu'ordonna Ab-
dul-Hamid en 1894, et ceux que firent les Jeunes
Turcs pendant la guerre mondiale, est sujette de
Turquie. En bien des endroits, sur ce territoire
même où nous sommes : sur les contreforts de
l'Alaguiaz (mamelle du pays, parce que c'est de là
que coule l'eau qui l'alimente), et dans la vallée
de Chirak, dans tous ces lieux où passèrent jadis
les Perses, les Assyriens, les Mongols, les Grecs,
les Romains, on voit à l'horizon le pays turc. Il
est en Turquie, le mont Ararat dont le grand
nuage blanc et rond périfie une partie du ciel, et
qui constitue la tête vénérable de l'Arménie,
comme le Kasbek ou l'Elbrouz sont celles de la
Géorgie (et ces trois crânes orographiques blan-
chissent à plus de cinq mille mètres dans l'azur).

— Quelle est la grandeur de cet ouiesd ? de-
mande-t-on à Jarkassian, pour commencer par
le commencement.

— 70.000 déciatines ou hectares (1). Avant la
guerre, il en avait 120.000. Il a diablement di-

(1) Voici quelques indications sur les anciennes mesures
russes : La déciatine vaut 1 hectare 092 ; la verste, 1.067
mètres ; la sagène, 2 m. 13 ; l'archine, 0 m. 71 ; le pied,
0 m. 304. Le poud, 16 kilos environ (on en compte 61 à la
tonne). Le fount, ou la livre, 410 gr. Bien que le système
métrique soit adopté en U. R. S. S., ces mesures surannées
réapparaissent souvent dans les statistiques. Le rouble or, c'est-
à-dire le rouble d'avant-guerre, et le rouble tchervonetz stabi-
lisé en 1924, à peu près valent la moitié d'un dollar. Le kopeck
est la centième partie du rouble.

minué. Les habitants ? Presque entièrement Arméniens. Une assez notable quantité de Kurdes : un quinzième environ (12.000), 9.000 Turcs, 4.000 Russes.

Il raconta l'histoire pathétique de ce morceau d'Arménie pendant ces dernières années. Et d'abord il est impossible qu'on ne dise pas un mot sur le tremblement de terre.

— Ce fut l'année dernière. Ça débuta le 22 octobre, le soir. Trois jours après, la ville et les villages ont été secoués comme des forêts au vent. 38 villages ont été détruits, 26 presque entièrement. On vous dira que le plateau de l'Arménie, nœud montagneux qui soude les soulèvements de l'Asie Mineure et de l'Iran, est un théâtre attitré d'effusions volcaniques colossales, et de phénomènes dislocateurs, pour employer le langage savant. Il y a cent ans, il y a cinquante ans, d'éclatants tremblements de terre ont fracassé Gumri qui s'appelle actuellement Léninakan (après s'être appelée aussi Alexandropol). Cette fois-ci, le cataclysme a détruit dans la ville 3.800 maisons, a fait fuir on ne sait où 15.000 habitants et rempli les alentours d'une mer de désespérés. On a pu arriver à caser 20.000 habitants dans les maisons relativement épargnées. 17.000 dans des wagons — mais ce n'étaient pas des wagons aussi confortables que celui-ci, — et de plus, bien que ce fut l'année dernière à cette époque-ci, il faisait grand froid. Des deuils sur des ruines : 390 morts, 1.000 blessés ou estropiés. 24 millions de roubles de dégâts.

— Oui, dit Akopian. Cette affaire cosmique, provenant de causes qui nous échappent jusqu'à nouvel ordre, prouve la tyrannie de la nature, et que l'Arménie n'a pas de chance. Mais sous ces détritus du tremblement de terre, il y a d'autres plaies, plus grandes, plus profondes, faites par les hommes, et qu'il faut regarder.

« Il y a, pires que les batailles de l'eau et du feu ramassés qui se heurtent de l'épaule sous la terre, les batailles entre nationalités. Nous pouvons dire que nous en avons vu ici, et subi, la série complète. Une panique endémique. De tous temps, les habitants déménageaient, et filaient ailleurs aussi loin qu'ils pouvaient : en Grèce, en Mésopotamie, et les chanceaux qui pouvaient avoir un plus long billet, jusqu'aux Amériques.

« L'éducation ? Le moins d'écoles possible, selon le grand principe d'éducation du tsarisme, dont la règle d'hygiène sociale était de fabriquer des sourds-muets et des aveugles. Dans Léninakan il y avait pourtant trois écoles russes, mais dans le reste de l'ouiesd, pas une seule.

« Sous le tsar, nous étions entre les mains des officiers et des soldats : Sur les 56.000 habitants de la ville, qui est actuellement la seconde d'Arménie, il y avait 13.000 soldats. Plus que d'artisans (3.000) et d'ouvriers (6.000). La révolution de février se présenta à nous sous la figure des dachnaks. Le parti Dachnaktzoutioun, c'est le parti révolutionnaire arménien. Du moins le mot révolutionnaire se trouve dans son titre, mais nonobstant cette pancarte (dans jésuite, il y a bien : Jésus), son but est avant tout et par-dessus tout, de provoquer le Turc et de se battre contre lui — pour créer après, quand il ne restera plus personne, un paradis terrestre exclusivement arménien !

« Aussi, en 1918 il y eut une occupation turque féroce de ce pays-ci. La population prit la fuite en désordre jusque dans les montagnes du Caucase septentrional. Puis vint l'armistice, la fin de la grande guerre, consacrant la défaite de la Turquie, et les Turcs rentrèrent chez eux. Mais ce n'étaient pas seulement les grands événements internationaux qui guidaient la danse, puisque les Turcs revinrent bel et bien en 1919 (les prétentions des dachnaks sur un certain territoire ayant de nouveau déchaîné la guerre). Alors, ce fut terrible, plus terrible qu'un tremblement de terre. La ville fut détruite. Il n'y restait que 8.000 habitants. Quand tout fut fini et que les survivants de Léninakan réapparurent, il n'y en avait pas plus de 20.000.

« Dans le temps des dachnaks, 50.000 habitants de l'ouiesd furent tués. C'est à ne pas le croire, mais ça est. Dans une seule vallée, nous avons compté 17.000 corps assassinés. Notre ouiesd bat, je pense, le record du monde des orphelins : 28.000.

« Au premier rang de ceux qui ont considéré l'Arménie non seulement comme le souffre-douleur, mais comme la marchandise et la proie, au premier rang de nos ennemis et de nos bourreaux, il faut placer nos frères georgiens — durant les années néfastes où ils furent sous la coupe des menchéviks.

« Quant à ceux qui rêvaient un ordre meilleur on les traitait en Turcs. On les fusillait (c'était plus facile que de fusiller les Turcs). J'ai vu passer par les armes trente communistes. Ce n'était pas beau... »

— On parle dans les journaux du prix de la vie. Ici, elle n'a jamais coûté cher, la vie (celle des hommes).

— L'Arménie, dit Akopian, était devenue une table rase.

— Ton expression de pédagogue n'est pas juste. Il faut en trouver une pire. Peut-on dire qu'il n'y a rien là où il y a le deuil et la haine ?

BATOUM

Sur les bords de la Mer Noire. Le rivage de la—
ville, le soir. Un crépuscule de riviera caucasienne où l'on se repose parce qu'on est vraiment fatigué (et non parce qu'on ne veut pas se fatiguer). Les gens, après le travail, viennent se promener dans le grand jardin public qui borde la plage, ou bien sur la plage elle-même, qui est de sable fin. Là, il y a des bancs où l'on s'assied pour regarder la mer qui, en effet, est d'une couleur un peu plus ardoisée que les autres mers (à moins que ce ne soit son nom qui vous passe devant les yeux).

Sur le banc, résonne la voix qui m'a accompagné de loin jusqu'à ce décor neuf.

— Jadis et naguère, c'était ici beaucoup de misères et de malheurs, et quel va-et-vient de guerres !

C'était tout naturel, à cause des nationalités. Le fond de la population est turc : géorgien musulman. Sur cent têtes prises en moyenne dans la masse, 61 sont géorgiennes, 11 arméniennes, 9 russes, 8 grecques et 3 juives. Or la mésentente était poussée à la hauteur d'un principe rationnel. La grande question était : Es-tu ou n'es-tu pas musulman ? Vas-tu à la mosquée, oui ou non ? Parle : Le croissant ou la croix ?

L'Adjaristan, c'était, à vrai dire, la chaudière où bouillaient les haines de races et de religions.

Au temps du régime impérial, instruction possible ici seulement pour les Russes — ou bien pour les enfants des riches musulmans, car il y a toujours des combinaisons et des complaisances entre les riches indigènes enracinés quelque part et les oppresseurs. Pourtant, il y eut une sacrée question d'uniforme et de casquette obligatoires, qui détournait les riches trop puristes du désir de faire instruire leurs jeunes gens. Sept écoles à Batoum ; rien dans les villages adjares. C'est bien simple : pendant tout le règne de Nicolas II, on cite seulement trois musulmans dans l'Adjaristan ayant fait leurs études secondaires. (J'en ai vu un.)

Mais les savants amateurs de luttes fratricides, ils ne manquèrent, hélas, jamais ! Lutte, avant et pendant l'occupation anglaise que les Géorgiens musulmans ne voulurent pas reconnaître. Luttes après, alors que les Anglais eurent donné Batoum aux menchéviks, ou quand les menchéviks eurent livré une partie de l'Adjaristan aux Turcs pour prix de leur aide contre l'ennemi politique. Intrigues, complots et batailles rangées entre les khémalistes et les Géorgiens nationalistes, les uns et les autres appelant à leur secours les baïonnettes et les canons de l'étranger. Je n'ai pas repris les choses de très loin, on ne me reprochera pas de m'appesantir sur les détails. Mais les quelques années d'histoire qui tournent autour de la grande guerre ont suffi pour saccager le pays d'une façon qu'un homme de bon sens pouvait alors croire définitive, pour broyer à la meule le travailleur des champs, et faire des trouées dans toutes les familles.

Pourtant le paysan d'ici n'avait vraiment pas besoin de catastrophes supplémentaires. C'était, et encore une fois je ne remonte pas aux temps passés, mais je parle d'hier, un bien pauvre hère. Il y avait ici des marchés de femmes, à une époque qui n'est pas non plus préhistorique, puisqu'on connaît des gens qui l'ont vue, et les beys volaient les enfants des paysans pour les vendre en Turquie. Depuis que ces trafics avaient officiellement cessé, le paysan n'était guère plus heureux, dans le fantôme de l'Adjaristan.

BAKOU

Du papier gris ponctué de loin en loin de petites files de fourmis qui sont des chameaux, et avec des ondulations tracées à l'encre de Chine délayée — tel est le tableau qu'encadre la ligne striée du rail (et nous filons sur ce cadre). Ou bien, c'est une poterie concassée de longues montagnes argileuses à l'horizon. Enfin, on est entré dans la région des puits, l'immense forêt des faubourgs de Bakou. Toute une cité hâchurée, de charpentes pointues, dont la racine pivotante plonge dans le pétrole. Leur apparition dans le soir fait une impression de cathédrales multipliées par un effet d'optique.

Nous avons vu beaucoup de gens à la gare. Ensuite on est entré avec quelques-uns dans une maison. Elle est située le long d'une rue qui est un bloc unique de maisons. Ordinairement, les maisons des rues sont séparées l'une de l'autre verticalement comme le sont les dents ; or toutes celles-ci ensemble font un seul mur, d'ailleurs bas et morne. La maison où l'on pénètre dans le demi-jour du dehors, est pleine de nuit. Il n'y a pas de fenêtres. C'est ramassé comme un caveau, les parois suintent, et on marche à même la terre comme là où il n'y a ni toit ni mur.

— C'est ici qu'on logeait, dit l'ami qui nous guide, et qui était un ouvrier du pétrole.

On s'installe en rond autour d'une table dont les quatre pieds sont des piquets plantés.

L'ouvrier ajoute qu'il y a encore pas mal de ces maisons du bon vieux temps. Et c'est là un premier coup d'œil dans le passé encore palpitant.

— Avant la guerre, il y avait plus d'ouvriers pétroliers que maintenant : il y en avait 60.000, assure mon interlocuteur qui a les yeux bleus, les cheveux blonds en brosse, et ressemble à un Belge ou à un Allemand (mais c'est Lavrentiev, un pur Russe). La moitié des logements ouvriers étaient absolument dépourvus de lumière et ruisselants d'humidité comme des grottes. Je vous ai amenés ici, dans ce coin qui subsiste, pour que vous tâtiez la chose des yeux. Beaucoup de logements étaient en sous-sol. Pas même un mètre cube d'air par personne. Mortalité effrayante dans la famille ouvrière en cave.

Ici, le généralisateur attitré, qui était alors revenu avec nous, l'interrompit.

— Permets, camarade.

Et il nous fit savoir, à propos de mortalité, qu'au siècle dernier, le XIXe, la mortalité générale était pour mille, en France : 30, en Angleterre, 24 ; en Russie, 26. Or, au début du XXe siècle les mêmes chiffres étaient, pour la France, 22 ; pour l'Angleterre, 18 ; pour la Russie, 35.

L'autre, qui s'était arrêté pour laisser passer cette statistique, continua :

— Malgré cela, ou à cause de cela (on finit par s'y embrouiller), la crise du loyer sévissait avant la guerre : les travailleurs mettaient cette revendication en avant dans les grèves : des habitations propres. Le travail n'était pas fameux : vieilles mécaniques. Il y avait dans l'air des nuages de fumée formée de flocons noirs larges comme des pièces de deux kopecks. L'ouvrier travaillait plus de huit heures. Un manœuvre gagnait 80 kopecks par jour. Un conducteur des transports du pétrole, 23 roubles par mois. Le patron touchait 30 à 40 % de son capital.

« Puis vint la guerre, la guerre étrangère et la guerre civile rigoureusement mêlées, la destruction. J'ai dit : 60.000 ouvriers (58.000 exactement), mais c'était en 1913. En 1920 il n'y en avait plus que 12.000. La production du naphte de Bakou, qui fut de 480 millions de pouds en 1914, était tombée à 180. Du reste, les armées blanches et les armées alliées ont, comme grand coup final, abîmé, brûlé et cassé tout ce qu'elles ont pu. Si on n'a pas mis le feu aux puits de Bakou, ce n'est pas qu'on n'ait pas essayé, c'est qu'on n'a pas pu le faire comme on l'a fait à Groznyi.

« Et tenez, savez-vous que de ce moment-ci encore, à la fin de 1927, il y a 450 ingénieurs et 17.000 ouvriers qui travaillent à réparer les déprédations commises dans un seul district pétro-

lier du Caucase, par le passage des « patriotes »
de tout poil, et de la civilisation occidentale ?

« En fait d'autres industries que le pétrole, il y
avait deux ou trois petites usines textiles en
Azerbaidjan. Dans l'une, pour vous donner un
exemple, chaque ouvrier travaillait onze heures
par jour pour se faire sortir des mains pas même
vingt archines de tissu »

— Oui, depuis des années, tout dégringolait,
et on retournait à la nature par le mauvais chemin. La terre mourait de soif, et nous, de faim.

— Bon. Prenons les écoles. Sous le tsarisme,
il y en avait toujours trop, au goût de la sagesse
d'en haut, qui regardait de travers nos 974
écoles. Après la chute du dernier de la file des
Pierre-le-Grand, sous le gouvernement moussavatiste qui s'implanta ici de 1918 à 1920, il n'y
avait plus que 666 écoles.

« Évidement, pour en revenir là où il faut
toujours en venir : aux choses politiques — elles
finissent par vous empoigner la main — nous en
avons vu de dures sous le tsarisme. Après 1905,
nous avons connu ici les Bandes Noires par lesquelles Nicolas II essayait de reprendre en mains
ses animaux domestiques : les habitants de la
Russie. Bakou et l'Azerbaidjan ont été le théâtre
de pogroms dont le gouvernement de l'Autocrate
pouvait être fier. A Bakou, et pas bien loin d'ici,
à Balakhany, il y a eu des boucheries organisées
dont les journalistes venus du monde entier ont
tracé sur place de petits tableaux fort réussis.
Mais ne citons pas de noms de localités, par res-

pect pour toutes celles qu'on ne citerait pas.

« Ici, la question politique a toujours été étroitement collée à la question des nationalités. »

Nous y voilà encore ! Les heurts des morceaux de races !

— C'était pire ici que partout ailleurs.

(On peut toujours dire cela dans chacun de ces pays-ci sans crainte de se tromper : la Transcaucasie, pays des frères ennemis.)

— Ici, l'élément turc est en majorité, chacun sait ça. Puis, viennent les Russes. Les Tatares étaient, hélas, complètement bouchés au savoir : un sur cent savait lire et écrire : parfaitement, 99 % d'illettrés. Ils n'étaient jamais militaires. C'étaient des instruments de travail. Ils étaient dominés par les prêtres et laminés par le labeur. Leur ignorance les éparpillait dans l'isolement, et les ficelait un à un autour des gros propriétaires. L'eau, rare et précieuse, les forêts, et les trois quarts de la terre cultivable, appartenaient à l'Église et à la Mosquée, aux Khans, aux Begs, c'est-à-dire aux grands. Aux paysans, on arrachait le pain des mains, et à l'ouvrier et au paysan, de la bouche. A côté de l'épouvantable asservissement de la population ouvrière et paysanne pauvre, qu'on évoque le régime de prisonniers de la population non russe, — victime de la superstition légalisée, du pouvoir magique des prêtres, d'un code civil fait pour écraser « l'étranger national », pour annihiler la femme et l'enfant dans l'étau de la famille, et d'un code pénal de « cauchemar ».

« Après que la couronne de diamants de Nicolas lui fut tombée de la tête, par une première poussée de la justice vivante, c'est le parti moussavat qui prit le pouvoir ici. Ce parti avait des prétentions démocratiques puisqu'il institua une république d'Azerbaidjan. Mais cela, c'était la façade, côté public. En réalité ce parti, fondé entre 1903 et 1905 par la bourgeoisie turco-tatare de l'Azerbaidjan et par des intellectuels (Ressoulzadé, puis Khan Khoisky, le Dʳ Soultanov, Djafarov et Khasmamédov, qui en sont encore les dirigeants actuels), était un parti nationaliste musulman, une avant-garde de la Turquie. Son titre signifie égalité — mais ne nous y trompons pas : égalité pour les Turcs vis-à-vis du Russe impérialiste — pas autre chose. Son ennemi spécifique était le non-Turc, et, plus spécifiquement encore, l'Arménien. Son but, l'incorporation de l'Azerbaidjan à la Turquie.

« Donc, il sortit des coulisses et joua un rôle de premier plan en 1917. Après la révolution d'octobre, lorsque l'armée russe abandonna le front du Caucase et que l'armée d'Enver Pacha prit l'offensive, les moussavatistes ont aidé par tous les moyens à l'avance des troupes turques. Ils ont habilement agi : ils ont contribué à détacher la Transcaucasie de la Russie soviétique, en travaillant à la dissolution du Seim transcaucasien et à l'érection des trois peuples principaux de Caucasie : géorgien, arménien et tatare, en Etats indépendants.

« Or, voyez leurs calculs : aux termes du traité

de Brest-Litovsk, imposé par la force, qui donnait comme frontière à la Turquie la ligne Kars-Ardahan-Batoum, le gouvernement de Constantinople s'était engagé à ne pas violer le reste du Caucase puisqu'il faisait partie intégrante de la Russie soviétique et par conséquent à ne pas descendre à Bakou. Vous n'ignorez pas, pas plus que personne au monde, que la Turquie, pendant la guerre a complètement exterminé l'Arménie turque. Elle voulait faire de même pour l'Arménie russe, afin de créer une Turquie homogène, bien ratissée de non-Turcs, de Constantinople à Bakou. Cet objectif, Enver Pacha pouvait le réaliser en toute liberté puisque la république arménienne d'Érivan, dominée par le dachnaktzoutioun, n'était plus protégée par son lien avec l'État soviétique. Et voilà ce que font les dirigeants avec les peuples.

« Bakou, centre industriel, a toujours été assez bien garni en éléments révolutionnaires. Mais d'un autre côté, le moussavat a toujours été, et c'est compréhensible, un foyer contre-révolutionnaire (auprès de lui, le parti Itti-hadi Islam parti pan-islamique, aussi). Passons d'un seul coup à 1917. Nicolas Nicolaiévitch, vice-roi à Tiflis, organisa la symétrie des centres contre-révolutionnaires, et c'est sous son influence que furent formés les Conseils Nationaux qui échurent aux mains des dachnaks en Arménie et à celles des menchéviks en Géorgie, et que fut solidement établie, sur sa bonne pente, la lutte entre musulmans et

chrétiens. Des agitateurs anti-arméniens se ré-
pandirent dans les villages, et en même temps,
des agitateurs anti-tatares. On distribuait des
armes. On exposait quelque corps de Turc en
disant : Ce sont les Arméniens qui ont tué celui-
là, ou bien vice-versa, et c'était l'étincelle qui
mettait le feu aux gens.

« Diversion utile. Dans ces pays-ci la contre-
révolution a besoin du chauvinisme comme le-
vain. Il y avait en effet des Conseils Ouvriers,
créés jadis par les menchéviks, gagnés par le
rayonnement bolchévik, et qui se trouvaient en
opposition de plus en plus marquée avec les
Conseils Nationaux. La ville de Bakou passa de
la sorte à l'influence bolchévique. C'est cette
influence qu'on essaya de faire disparaître dans
le tourbillon de la guerre civile, d'autant plus
que le mouvement révolutionnaire agraire se
développait partout, et que les paysans commen-
çaient à clamer en chœur : Partage de la terre !

« Or, les soldats revenaient du front occidental.
Il s'en présentait des masses qui étaient des Arméniens, et on ne voulait pas de ce renfort arménien. Jordania, chef du parti menchévik géorgien, télégraphia à la ville de Granja, où était le
comité des grands propriétaires, pour qu'on fer-
mât les routes, et que les soldats ne pussent rentrer. Ces ex-combattants restaient donc claustrés
dans les montagnes du Caucase. Le conseil de
Bakou s'opposait à ce barrage. Désordres sanglants. Les soldats exaspérés passent outre. La
ville de Chemakha, à 120 kilomètres de Bakou,

fut un des principaux théâtres de la trouée et de la mêlée. Cette belle ville, qui avait 1.500 maisons, fut entièrement détruite, incendiée. Deux maisons restèrent debout.

« Il faudra que les historiens — les justiciers qui tirent au clair — se donnent beaucoup de mal pour démêler les épisodes tragiques et lugubres qui se succédèrent alors, et avaient tous le même but : jeter les justes luttes révolutionnaires dans le chaos des nationalités. Ce fut surtout après mars 1918, alors que le Conseil des Ouvriers s'était imposé à Bakou. On appela à Bakou l'armée contre-révolutionnaire transcaucasienne (la « division sauvage »). Des complots secrets s'ourdirent avec les dachnaks pour dissoudre le soviet de Bakou. Agitation dans les villages. Si un soulèvement nationaliste avorta à ce moment, en revanche, nos braves dirigeants arrivèrent à livrer Bakou aux Turcs, qui en chassèrent le Conseil Ouvrier. Celui-ci et quelques autres bolchéviks se réfugièrent à Kranowodsk. Les Anglais qui s'y trouvaient arrêtèrent vingt-six commissaires du peuple — et les firent fusiller.

« L'arrivée des Turcs à Bakou eut aussi pour résultat immédiat l'assassinat d'innombrables ouvriers, celui de milliers de familles arméniennes, (un des plus monstrueux actes d'extermination qu'on puisse évoquer), et un traité entre la Turquie et l'Allemagne reconnaissant l'Azerbaidjan comme province de la Turquie (vous savez que l'Allemagne, vers la fin de la grande guerre, fut maîtresse dans la Transcaucasie).

« Puis, ce fut le tour des Alliés de la Sainte Alliance, et les plus représentatifs d'entre eux : les Anglais. La Caucasie orientale est un centre stratégique majeur, et puis, Bakou, c'est le pétrole. Vous pensez si ceux-là flairaient l'odeur du pétrole (celui de Bakou et aussi celui de la Perse qui n'est pas loin) ! Ils essayèrent de mettre la main sur la production, proclamèrent leur pouvoir absolu. Les Anglais aiment s'installer là où ils passent : « Ils se croient partout en Égypte », a dit un vaudevilliste français, devenu, depuis, académicien. Ils manœuvrèrent à leur tour le nationalisme à deux tranchants. De plus, ils aidèrent Denikine : on vit sortir de Bakou, la noble cité du travail, des armes et des munitions pour le bourreau blanc. Cela aussi, c'est dans l'ordre. Après un essai de remise de Bakou aux blancs, et telles complications qui en résultèrent, les Anglais, partis, revinrent.

« Ce sont finalement les ouvriers et les paysans qui ont balayé la coalition anglo-réactionnaire-moussavatiste-dachnak.

« Voyez-vous, le nationaliste s'habille en contre-révolutionnaire, et le contre-révolutionnaire en nationaliste. Mais, c'est le même homme.

« Ah ! quand on raconte comme ça l'histoire *sur le dessus*, peut-on imaginer ce que cela représente de souffrances et de coups pour les êtres de chair qui sont plantés dans les pays !... »

Tels étaient les propos qu'on entendait dans la geole tsariste qui subsistait encore au flanc de la cité de Bakou, à la fin de l'année 1927.

Ainsi, j'ai fermé les livres, repoussé les journaux tentants qui vous viennent au-devant des yeux, et je suis allé regarder sur place.

Je ne vous ai rapporté jusqu'ici que quelques images éparses, quelques faits saillants, et il y a des trous entre eux. Je peux pourtant dire déjà : Pendant cent vingt ans de régime tsariste et trois ans de menchéviks, de dachnaks et de moussavatistes, la Caucasie a été désordre, disputes, punition des paysans et des ouvriers, écrasement des esclaves. Avec ces gens-là aux commandes, elle a été tout entière le champ de bataille des races, le cimetière du travail, et l'abattoir des libérateurs. La vieille terre maternelle s'est usée sous les démolitions et les mêlées. On peut dire, pour revenir à l'époque contemporaine et ne prendre qu'un exemple, au milieu, qu'un million d'Arméniens russes et turcs ont disparu du monde par la guerre et les suites de la guerre.

Dans cette agonie d'un faisceau de races, on a retrouvé partout les mêmes traits : l'exploitation, l'avilissement du matériel humain, l'utilisation fratricide des instincts crédules et simplistes des masses, comme dérivatifs et comme moyens de règne, par les soins d'une tyrannie parfaite, puis par les jeux politiques des partis qui ont usurpé le pouvoir qui n'appartenait qu'à la révolution. Oui, comme ils le disaient tous :

La Transcaucasie, le pays des frères ennemis, touchait au fond de l'abîme, et on pouvait prévoir la fin de ces lambeaux déchirés de territoires, qu'on déchirait à plaisir.

II

MATINS

Mais ces hommes entr'aperçus le soir, la nuit, dans leur décor immédiat, par coups successifs d'écran, je les ai mal vus, parce qu'on a parlé du passé et que je me les suis évoqués tels qu'ils étaient, non tels qu'ils sont. C'est comme si j'étais allé les visiter il y a vingt ans et il y a dix ans.

Voici maintenant, très vite, les matins qui se rapportent à ces cinq visions trop obscures. Ces lendemains clairs s'ajustent mieux à la vie : cinq ou six feuilles de lumière sur le passé.

Je suis venu justement pour ouvrir mes yeux en pleine lumière au sein de cette nature fantastique, d'une splendeur peut-être unique sur la terre : les plaines de velours gris que les chaînes de montagnes décorent à l'horizon d'une série de grands éventails blêmes : le ciel monumental ; l'énormité des aigles qui sillonnent l'air, et qui surprend nos yeux habitués à ne voir que des points ou virgules remuer dans le ciel ; les défilés grandioses où le regard se cramponne et fait des chutes vertigineuses ; sur les cols

qui sont à trois mille mètres, les gigantesques
balancements des plans qui vous mettent de l'im-
mensité dans le ventre ; les châteaux-forts, nids
géométriques sur les sommets, et les monastères
dont les voûtes et les murs sont tapissés d'un
échafaudage archaïque de rois plus grands que
nature et de saints de couleur majestueux comme
des clochers ; les paliers verdoyants, corbeilles
d'ombre et de fraîcheur ; les paradis inouis des
rivages de la Mer Noire : les parcs qui font sur
les pentes des monts de longues îles dont les cy-
près forment la palissade géante et la proue ;
les chênes, les peupliers, les cèdres, les séquoias
démesurés, les bois profonds de palmiers, et
toute la série des essences exotiques, plus fortes
et plus belles dans cette terre que dans les
Afriques, les Amériques et les Australies d'où
elles ont émigré.

Yanéouli. Le chalet caucasien avec ses jolies
jambes de bois. Les arbres du verger qui étaient
l'autre jour fleuris par l'éclairement de la fenêtre, le sont par le soleil. Kobidzé me montre
son jardin en pente : des tomates, des courges et
toute la collection des légumes, des bouquets de
fruits et de fleurs. Et ce jardin mûr le fait vivre :
« Tout cela ne m'a pas coûté un kopeck, me dit
l'homme dont la blouse blanche est éclatante
dans le rayon. Tout m'a été fourni par la Banque
Agricole ». Un autre embrasse des yeux la clô-
ture du jardin : « C'est vrai que c'est encore un
peu petit, ce qui a été donné de terre à chacun.
Mais cela grandira, comme ces jeunes plantes. »

Il m'explique qu'on a trouvé mieux que les vieilles cultures : le maïs rapporte au paysan 1 à 4 roubles le poud ; mais la soie 24 roubles, le tabac 25, le thé 40. Bélidzé m'attire sous le figuier qui fait une pyramide d'ombre au milieu de sa terre. Il semble que le vert du figuier soit posé par un peintre sur sa figure et sa tunique. Par terre, à côté de la pierre plate qui ferme la citerne de vin, il montre des planches. « Ce sont celles de ma maison qui a été démolie. Je les ai gardées pour construire bientôt une autre maison avec. Elle sera pareille à l'autre. Mais ce ne sera plus du tout elle, parce que, quoique vieux, nous serons neufs tous les deux. »

Akhalkhalaki. Coup d'œil sur l'Orient. Dans la rue, c'est un fouillis de costumes colorés qu'il semble que l'on remue en tous sens. Des victuailles affleurent des boutiques comme de caisses éventrées : des franges de poissons, des fromages, des poulets, et aussi des étoffes, des foulards, des blouses roses, ou bleues d'un très beau bleu vif (qu'on met avec une ceinture rose ; pour les blouses roses, ceinture bleue : telles sont les exigences que chantent les choses).

Tous ces gens qui parlent des langues différentes, et qui se mêlent cordialement, et qui travaillent ensemble ! Parfois, quand ils ne se comprennent pas — le Turc, l'Arménien, le Géorgien — ils sourient. A l'atelier, ou dans les chantiers qui poussent, ou dans les boutiques, ceux dont la bouche possède plusieurs langues, traduisent, et tout le monde est·content. Et les hommes et les femmes d'ici qui voient cela, admirent encore plus que moi, eux qui se souviennent.

Un paysan interpelle Nazarov :

— Le bois de chauffage que tu m'as refusé, je me suis adressé directement à Tiflis, et on me l'a donné.

— Très bien ! dit Nazarov en riant et en secouant la main du bonhomme.

— Cela diminue mon autorité, nous dit-il, mais vive Tiflis !

Le poste frontière est plein de soldats — de grands soldats enfants qui dansent et qui chantent, et froncent sagement les sourcils lorsqu'on leur parle, parce qu'ils veulent s'instruire.

Le chef me dit :

— Vous allez voir. On va faire une alerte.

Un coup de feu. En un clin d'œil tous les soldats sont équipés. Les Turcs sont à deux pas.

— Vous n'avez pas peur que ce coup de fusil les inquiète ?

— Les Turcs sont de braves gens.

Je vous assure que sur la frontière d'Arménie et de Turquie, et de la part des gardiens fidèles de cette frontière, c'est là un langage nouveau.

Ozourgeti. Un chemin de fer, des routes, des cultures neuves, des constructions qui montent, des chantiers tout blancs. Il y a des maisons qui sont pleines de noisettes. Si vite que j'aille, je n'évite pas une statistique au passage : « Les plantations de thé : cent hectares sous le tsar, vingt hectares sous les menchéviks, mille

hectares aujourd'hui. Noisettes : peu sous le tsarisme, plus du tout sous les menchéviks, aujourd'hui 160.000 pouds ». Quant aux mandarines, aux oranges et autres fruits de l'arc-en-
ciel, des ballots en sortent de terre à vue d'œil.

Akhalsikh. La ville ressemble comme une
sœur à Akhalkhalaki, bien que la population n'y
soit pas de même race, comme on disait dans le
vieux style périmé. Un paysan m'instruit : On
payait ici sept roubles d'impôt sous le tsar, cinq
roubles sous les menchéviks ; maintenant on ne
paye pas même un rouble : 90 kopecks.

Un quart d'heure après, ayant passé par le
jardin public au centre duquel est le monument
élevé aux onze communistes fusillés par les menchéviks, je me trouve dans une salle où l'on
délibère. Une femme à côté de moi parle de la
liberté des femmes et de la dignité humaine. Et
j'apprends que c'est une femme turque ! Partout les femmes turques se désensevelissent de
leurs voiles et remontent au jour. On compte
celles qui lorsque nous les croisons sur les
routes, ramènent leur voile ou leur foulard sur
le bas de leur visage — ou tout au moins font
semblant de le faire. La majorité des habitants
étant turque, la majorité des écoles est turque.
Le turc est la langue officielle. On me montre
trois hommes : le chef de l'ouiesd, président du
Comité Exécutif, qui est Turc ; les deux vice-
présidents, qui sont l'un Arménien, l'autre
Géorgien. S'ils discutent parfois entre eux, ce
n'est que sur des questions techniques — comme

tous les honnêtes gens. Pour le moment, ils sont d'accord sur ceci : Il y avait avant la guerre 45.000 bœufs dans l'arrondissement, 40.000 sous les dachnaks, et à présent, il y en a 63.000.

Léninakan. Le soleil fait briller la ville si souvent assassinée. — Car une ville, à la différence d'un homme, peut se tuer plusieurs fois. Mais sur les lignes noires des ruines et leurs salissures géométriques, les lignes blanches des choses nouvelles. Le blanc gagne vite sur le noir.

Un jeune contremaître me dit, car ils sont au courant :

— Il en a fallu un travail pour faire face au tremblement de terre ! Maintenant, 4.136 domaines sont en reconstruction dans l'ouiesd! Dépense totale : 21 millions de roubles (260 millions de francs) sur lesquels le gouvernement central (de Moscou), fournit 17 millions de roubles. On a imposé des modèles pour les constructions nouvelles : les matériaux doivent résister (au maximum) au secouement du sol, et il faut songer à l'aspect général, à l'hygiène et au confort. Voici un type de maison paysanne de soixantequinze archines carrées (environ 5 m. 50 sur 7). cette maison coûte 1.400 roubles (18.000 francs).

Mais si la terre a fracassé les hommes, les hommes aussi ont fracassé la terre avec leur industrie et leur agriculture de guerre. On efface tout cela patiemment, non seulement par des cubes blancs à la place de la ville, mais, autour de la ville, par des champs frais, des jardins réajustés de toutes pièces.

Un berger me montre des moutons :

— Il a fallu tout remplacer. On a remplacé. Quand nous disons : il y avait avant-guerre dans l'ouiesd cent mille moutons, et maintenant il y en a aussi cent mille, cela ne veut pas dire : état stationnaire, mais : cent mille moutons de plus.

Plus loin, après une randonnée en automobile (la voiture, parfois, laboure des champs), l'usine électrique. L'électrification, c'est la grande idée qui plane sur le travail comme un soleil. Un journaliste catalan l'appelle : le commun dénominateur entre l'ouvrier et le paysan. Plus loin, le canal de Chirak qui apportera la circulation d'eau, la vie, à d'inutiles étendues : 15.000 déciatines seront irriguées, 8.000 le sont d'ores et déjà. Plus loin, les usines textiles font une masse qui s'immensifie : l'une est faite, une autre s'achève, quatre autres commencent à se modeler. Ce sera là tout un quartier d'usines textiles aux vastes nefs et aux machines monstrueuses, comme celle qui est déjà terminée. Tout se tient : on a intensifié la culture du coton, puis on a bâti des usines qui manufactureront ce coton, et on emploiera pour cela 17.000 orphelins de la guere, maintenant grands, et qui ont été techniquement préparés au travail textile. Il y a un plan en tout, pour tout !

Un médecin m'a dit, entre autres choses :

— Avant la guerre, les nouveau-nés arméniens avaient en moyenne 42 centimètres de long et pesaient trois mille grammes. Maintenant ils ont en moyenne 46 centimètres et pèsent 3.613 grammes.

Il sourit, mais il est presque ému de me dire cela, car il comprend la grandeur de cette petite chose. D'autant plus que l'Arménie qui est sur le globe un des pays qu'on a le plus fait mourir, est aussi un de ceux qui renaît le plus. A Erivan, 250 nouveau-nés par jour.

Batoum. Le tourbillon automobile autour de la montagne, dans de la verdure épaisse et parfumée. C'est une montagne de vergers, et sur les endroits où la terre est maigre et rouge, impropre à la plupart des cultures, on a mis du thé, qui s'y trouve tout à fait chez lui. Augmentation par rapport à l'avant-guerre : thé près de quatre fois ; mandarines, vingt fois ; tabac et jardins fruitiers, douze fois. Une culture toute neuve : la lioufa, sorte de concombre dont le squelette fibreux et richement ramifié, pastiche admirablement l'éponge.

A côté de cette grande ville maritime que, du belvédère de la montagne, nous apercevons à travers les branches, entre les blocs verdoyants, les angles blancs et les toits des maisons d'enfants et des maisons de repos, — on élève une vaste usine pour le raffinage du pétrole. C'est à Batoum qu'aboutit en grande partie le pétrole du Caucase destiné au reste du monde. Il y arrive sur les rails, par chaînes de wagons-citernes, et aussi par des pipe-lines, rivières cylindriques et souterraines qui s'emplissent à Bakou, traversent la Caucasie dans toute sa largeur. Batoum est l'embouchure du pétrole. L'usine qui travaillera l'huile brute, coûtera, avec le nouveau réseau de gaines souterraines, les trois-quarts d'un milliard de francs. Mais le transport du naphte deviendra meilleur marché, et l'avenir rachètera le présent.

Et dans tout l'Adjaristan, les écoles sont peuplées de 12.000 écoliers dont 30 % de filles (cela est plus prodigieux que tout, en pleine géographie musulmane). Le quart des femmes ne sont plus voilées, et naturellement, elles sont joyeuses, comme des aveugles guéries.

Bakou. Enseignes en turc comme à Batoum (et je me souviens de Kichinev en Bessarabie, où presque toute la population est russe et où toute enseigne ou écriteau russes sont grattés avec soin par la police à l'affût, et enduits de roumain).

Dans la ville des puits de pétrole juxtaposés à la ville et qui entrent dedans, dans la Ville Noire, c'est-à-dire celle des usines de sous-produits du naphte, tous travaillent avec un entrain qui se voit comme une couleur : le travail est devenu un sport auquel on s'adonne ardemment.

— Nous avons atteint puis dépassé la production d'avant-guerre, me dit Lavrentiev. Le tiers de cette production va aux marchés extérieurs. Notre pétrole est de meilleure qualité que le pétrole américain. Nous le vendons moins cher, et nous y gagnons. M. Deterding rage parce que nous « cassons les cours », qu'il dit.

« A Bibi-Eibat, l'exploitation a débordé sur la mer. On encercle les flots avec une digue, on pompe une bonne partie des six mètres d'eau, puis on va chercher l'huile à cinq cents ou mille mètres au-dessous. Cela, ce piétinement de la mer par les puits, c'était commencé sous le tsarisme, mais nous avons agrandi l'assaut méthodique des tours pyramidales. Dans cette île d'eau autour de laquelle nous marchons, on a tiré depuis quatre ans 45 millions de pouds d'huile. Et de mois en mois, nous repoussons la mer, nous sommes les insectes humains qui augmentons l'Europe ! »

Parmi les usines de la Ville Noire, il y en a d'anciennes, qui ont connu le régime du knout, et il y en a de toute récentes, entièrement inventées et construites par des ingénieurs du pays, ou russes. Celle-ci, par exemple, où toute la gamme des huiles finit par se déverser hors des tuyaux rangés là comme des tuyaux d'orgue — depuis l'huile lourde mordorée, boue vernie, jusqu'à la plus subtile benzine nacrée et bleutée. Lavrentiev m'énumère des inventions désintéressées, issues de la pure émulation du travail, celles de Kapeluchnikov ou de Degtiarev, et bien d'autres.

— Vous savez, autrefois, cette fumée aux gros flocons gras qui retombait sur la ville comme une neige négresse ? Nous travaillons cette fumée et nous la retransformons : on en retire des millions de kilogrammes de naphte.

— Des millions !

— Parfaitement : Un million et demi de pouds rien que dans le dernier semestre et rien qu'à Bakou, ont été récupérés par l'utilisation des gaz. Plus de fumée : le ciel est clair et propre comme s'il était derrière une vitre.

Un ouvrier me dit :

— Moi, je touche 46 roubles (600 francs) par

mois. C'est pas mal plus que ce que gagnait mon père, conducteur des transports comme moi, quand il travaillait pour les autres, au temps passé. De plus, je suis logé et j'ai un tas d'avantages pratiques. Et puis, je travaille huit heures. On va travailler sept heures, et bientôt six, parce que six heures c'est plus commode pour arranger le travail par équipes (quatre en vingt-quatre heures).

Celui-ci est un ouvrier qui a travaillé en Californie :

— Je travaillais huit heures, mais j'étais à bout de forces. Dans le Texas, j'ai travaillé douze à quinze heures. Salaire moyen : trois dollars par jour. On ne peut rien économiser là-dessus. On arrive juste, ric rac. D'autres gagnent six. Alors, oui. Pourtant, le logement prend 25 % du salaire. Tu achètes (comme voilà toi), ta maison à crédit en dix ans à ton patron, mais pour peu que tu ne payes pas une fois, on te reprend tout, et ce que tu as versé est fichu. Total : j'aime mieux ici.

Celui qui m'a dit l'autre soir : « Les ouvriers de cette usine textile produisaient à l'année — et ils travaillaient onze heures par jour — neuf millions d'archines de tissu », me dit : Avec le même nombre d'ouvriers exactement, et qui travaillent huit heures, elle en produit maintenant vingt millions. Il y a deux ans, chaque ouvrier faisait journellement 29 mètres d'étoffe ; aujourd'hui, 46 mètres. Ça ne prouverait-il que de meilleures machines, ça prouverait déjà quelque chose d'important, mais ça prouve aussi de meilleurs hommes.

— Et puis, dit un autre qui intervient et nous interrompt en étendant la main, il y avait en 1913, sur cent ouvriers du pétrole, trente sachant lire et écrire. Il y en a maintenant 70 %.

Le Temple du Feu. C'est une grande vieille chose qui est en plein milieu des puits et est bien malcommode. Elle a l'air d'être là exprès pour gêner le travail. Mais c'est un monument d'art et d'histoire, et on le respecte scrupuleusement.

Survient sur nous, et en nous, une émission de T. S. F. qui charge l'atmosphère d'un grand tapage intelligent. Cela vient avec éclat pour apprendre quelque chose à tous. C'est un vaste instituteur céleste.

On a quelque peu l'impression qu'on rêve : on dirait qu'il y a du bon sens dans la chose publique !

Que s'est-il passé entre hier et aujourd'hui ?

III

CE QUI S'EST PASSÉ

Que s'est-il passé ? Pour le saisir, il faut laisser
là les observations fragmentaires. Ce ne sont que
des jalons. Sur ces points de repère, il s'agit de
tracer, d'un peu haut et d'un peu loin, un dessin
d'ensemble.

Mon camarade Broussilev, l'homme à la
grande barbe, restait la plupart du temps silen-
cieux, dans la vie. Un jour, on vit sa barbe remuer et on entendit sa voix :

— Un pays moderne, dit-il, est à première vue,
un admirable fatras. Il y a trop de choses là-
dedans. Le visiteur y est noyé. Si ce visiteur veut
dire ce qu'il a vu, et s'il est un littérateur, et
surtout un « artiste », il risque de noyer aussi les
autres après les avoir charmés. Car les écrivains
voyageurs — à de rares exceptions près, — ne
chassent et ne pêchent que le pittoresque dans
l'énorme vie publique, ils grossissent démesu-
rément ce qui prête à l'effet, ils cherchent le morceau de développement (le mot est vieux, la chose
aussi), ou le feu d'artifice, ou la caricature — et
comme tous les écrivains, ils aspirent à se faire
valoir aux dépens de leur sujet. Ils négligent ce
qui est à côté de ce qu'ils touchent, méprisent ce

qui est au fond. Ou bien alors, ces fétichistes de
la silhouette et de l'anecdote, ces annotateurs, —
qui ont leurs modes, leurs fournisseurs et leurs
boutiques, — tombent dans l'abstrait et l'à-peu-
près, ou jonglent avec quelques marottes dénom-
mées thèses (des refrains de chansons). Et ça les
amuse de brouiller tout par le cas exceptionnel.
Ils possèdent le don de passer éternellement à la
surface des mondes, chacun avec son tempéra-
ment, et de redire toujours la même chose avec
originalité. Ça peut aller quand ils traitent d'un
individu (si ce n'est pas un bonhomme historique), mais quand ils veulent parler d'un
peuple, ça ne va pas du tout. Alors, il ne s'agit
pas de décrire (on ne peut pas décrire une pareille
chose : le pays mouvant à millions de faces et de
décors rentrant les uns dans les autres, et ses
remous, et son orientation historique). Il s'agit
d'expliquer. Mettons que l'explication soit une
description intégrale. Cela veut dire qu'il faut
voir ce qu'on ne voit pas. Il faut, dans le bloc
organique du pays, faire des coupes transversales
montrant les racines, les sources, les origines et
les stratifications. Il faut apporter aussi là-dedans
les événements qui se débattent, — et les survivances, qui sont des variétés de la vie. Il faut des
lignes droites qui nous dirigent l'œil vers les
conséquences. Bref, installer une observation à
plusieurs dimensions. »

Ce que dit Broussilev est si vrai que depuis
qu'il l'a dit, j'ai en mains un talisman, et j'applique son jugement schématique sur tous les

livres que les experts intellectuels de l'extérieur
ont consacrés à l'U. R. S. S.

On en a fait beaucoup, mais il n'y en a guère
qui comptent.

Précisément à cause de ce qu'expliquait ce
camarade. Quand l'écrivain de talent débarque
à Moscou, qu'est-ce qu'il voit ? Une ville et des
gens dont l'aspect diffère par certains points des
autres villes et des autres gens, et par d'autres
points, leur ressemblent. Quand il a regardé cela
en détail, avec talent, l'a décrit de même, qu'est-
ce qu'il a dit ?

Moscou soviétique n'est plus du tout une ville
comme une autre. Ici, le décor est submergé par
la réalité. L'essentiel, le signe, de Moscou, ce ne
sont pas ses dehors publics (le tableau ne peut
être d'ailleurs, forcément, qu'incomplet et fan-
taisiste), ce n'est pas le côté anecdotique, pittoresque de son fourmillement, ni même les réflexions cueillies çà et là, ou les conversations
particulières épinglées sur la toile de fond,
ni tout le bagage que fournissent les vieilles
méthodes de l'impressionnisme écrit. La marque
de Moscou, c'est d'être le moteur d'un boule-
versement sans pareil dans l'histoire universelle,
et le foyer d'un monde nouveau sorti des entrailles mêmes de la terre sur une formule de
guerre. Moscou est en réalité une ville neuve,
peuplée d'êtres neufs, et la force qu'on y res-
pire est neuve.

Tant que vous n'avez pas montré cela à travers les décors d'une ville, et les silhouettes, cos-

tumes ou réflexions, d'une foule diversifiée, vous n'avez rien montré. Vous avez tout au plus sur-ajouté un bibelot d'une certaine valeur intrinsèque à la longue série exposée par d'autres dans les bibliothèques.

C'est pourquoi il n'est nullement paradoxal d'avancer que les seuls ouvrages qui peuvent marquer, sur l'U. R. S. S., les seuls qui soient susceptibles de donner une note juste, sont ceux qui, d'une façon systématique (je ne dis pas : préconçue) louangent ou dénigrent. Pour comprendre, et, même pour voir, les grandes choses à leur mesure, on ne peut pas se passer à un moment donné, ou d'admiration ou de haine. Il faut avoir la force de monter là. J'oserai ajouter que les proportions du drame humain en question ici sont telles, qu'il ne peut guère y avoir finalement de nuances ou de restrictions — amabilité, ironie, ou autres assaisonnements élégants — dans la réprobation ou dans l'adhésion.

Elevons-nous donc quelques instants, comme le veut Broussilev, au-dessus des particularités concrètes — pour ne pas être des littérateurs. Ecartons du coup, en nous élevant, les verres de couleur qui ne font voir que ce qu'on veut voir, et toute la myopie du parti pris.

D'ailleurs, nous sommes moins novices que les gens d'autrefois (et que leurs contemporains actuels). Nous avons des instruments qui se saisissent de la distance. L'avion moderne nous a appris déjà à rassembler l'étendue plane, sans en rien perdre, et à faire, magnifiquement, de la

grandeur avec des petitesses. Du haut du belvédère précipité, on voit une ville comme si c'était
une maison, un district comme si c'était une
ville, et une foule comme un beau monstre
compact aux formes nouvelles.

J'ai survolé la Méditerranée et ai pris, d'un
seul coup d'œil, la courbe continentale de la
France. J'ai survolé Moscou sous la neige et Bakou
sous le soleil. J'ai passé par-dessus la Russie, de
Moscou à Vladikavkas et j'ai assisté à deux mille
kilomètres de cultures étendues à ma portée d'un
bout à l'autre, comme une étoffe rayée, à travers
la Russie proprement dite et toute l'Ukraine. La
hauteur et la vitesse nous permettent de faire de
la généralité concrète, de la statistique matérielle, d'avoir la terre sous la main, et de tenir en
fait avec les yeux ce qui ne tenait jusqu'ici que,
métamorphosé en signes conventionnels, dans les
diagrammes des livres et les cotes des cartes géo-
graphiques.

Les deux mers ovales et enfermées qui scin-
tillent dans le sud-est terrestre de l'Europe — la
Mer Noire et la Mer Caspienne — sont jointes
l'une à l'autre, au milieu, par une crête monta-
gneuse presque en ligne droite, de 1.200 kilomètres, le Caucase. Cette ligne de partage de la
vie européenne et de la vie asiatique, ou, si l'on
veut, ce trait d'union continental, avoisine les
plus intenses foyers de toute notre civilisation : la Mésopotamie, l'Iranie, l'Arménie
où se passa la scène finale du déluge biblique
(plus vrai que la Bible). Il est peuplé de mythes

antiques : c'est là que fut enchaîné Prométhée,
et vers là que Jason alla sur son bateau à la rencontre du soleil. Cette dépression transversale du
massif, au milieu, creusée entre Vladikavkas et
Tiflis, qui s'ouvre par les Portes de Darial, est
une des plus formidables voies de déversement
des races qu'inscrivent nos annales humaines. A
certains étages de la chaîne de montagnes, il y
a des nids inaccessibles, et inviolés au cours des
siècles, où subsistent des races sans mélange. On
y découvre encore des Aryens purs.

Lorsque la région se dégage des sombres
brumes préhistoriques, on voit pénétrer au sud
de la chaîne, un peuple qui vient de la direction
du Tigre et de l'Euphrate. Mais cet exode des
Géorgiens est lui-même couvert d'obscurité et on
ne sait pas bien d'où il est sorti. Ce qu'on sait,
c'est qu'il a eu lieu à peu près à l'époque de
la fondation de Rome.

Tandis que la vieille Arménie, ou puissante, ou
éclipsée, changeait de capitale : Armavir, Tigra-
nocerte, Ataraxata — les conquérants : Cyrus,
Darius, peut-être Alexandre, puis d'autres, ont
foulé l'isthme caucasique. Quinze cents ans plus
tard, ces cavaliers que nous voyons sur le théâtre
en forme de carte, et qui, sortant eux aussi
d'ombres lointaines, se montrent le pays, ce sont
les Mongols de Gengiskhan. Les Mongols ont
passé sur le corps de la Géorgie plus d'une dou-
zaine de fois, et parmi eux, celui qui fut plus
grand que Gengiskhan : Timour Leng. Tiflis a
été occupée vingt-six fois le long de l'histoire —

non pas parce que ses princes n'étaient pas braves
— au contraire !

Le royaume de Géorgie, dont la gloire ressus-
citait un soir dans les yeux purs de Kobidzé, fut
prospère et fort. La grande Sainte Mina y ap-
porta le christianisme dans ses mains et sur sa
figure, au moment même où Constantin en faisait la religion d'Etat de l'Empire Romain, et
cela fut sous le règne du roi Mirian. Le royaume
demeura chrétien contre la pression des Tatars,
des Turcs et des Perses. — auxquels l'Islam avait
fait une seconde nature. Ainsi, la Géorgie devint
la marche avancée de la chrétienté pendant plus
de mille ans, face à l'islamisme asiatique, arrêtant,
comme une borne, son débordement, sa super-
position. Elle entra dans les Croisades. En une
de ces agglomérations qui, comme je l'ai dit, ont
duré à l'écart du temps à cause des hauteurs
presque inaccessibles où elles sont nichées et des
palissades de rocs qui les entourent : le domaine
de Khevsouréti, — on voit aujourd'hui vivre des
hommes fossiles couverts de cuirasses de fer et sur
lesquels s'étalent des croix.

On signale la resplendissante Thamar ; la tradition populaire gratifia cette comète au long
manteau, du don d'ubiquité, pour en faire profiter toutes les belles histoires qu'on raconte. Finalement, un des illustres monarques de Géorgie,
fougueux guerrier contemporain de Louis XVI,
Héraclius II, fit un traité d'alliance avec la Russie.
Le shah de Perse Mahomed avait envahi la
Géorgie et brûlé Tiflis, selon le grand jeu des

princes. Catherine II intervint en faveur d'Héraclius qui lui témoigna sa reconnaissance en se déclarant son vassal. Ce rapprochement du gros et du petit eut pour conséquence, selon les lois de la gravitation historique, l'annexion de la Géorgie par la Russie en 1801. Cela fut à la suite de guerres de succession dégénérant en guerres civiles inextricables, après la mort du roi des Grouziens Georges XII. Des historiens disent que le tsar Alexandre Ier en annexant la Géorgie, agit par « générosité ». Il est tout au moins probable que cette solution péremptoire sauva la Géorgie, déchiquetée par les factions, de la destruction physique.

Puis, de 1804 à 1859, successivement, tombèrent sous la propriété des tsars, les Khanats de Ganja, de Bakou et de Derbent, celui de Kouba, ceux d'Erivan et de Nachtchivan après le traité avec la Perse, le pachalik d'Akhalsikh (avec Akhalkhalaki), après le traité d'Andrinople, puis le domaine d'Imérétie, puis la Mingrélie et le Svaneti, puis enfin le Daghestan. La région caucasienne du sud forma les gouvernements de Bakou, Tiflis, Batoum, Erivan, et Kars. Désormais, emprisonnée dans les frontières du continent russe, la Caucasie en sentit les coups et en subit les contre coups.

C'est donc par l'histoire de la Russie qu'il faut continuer.

L'empire russe a toujours présenté, par rapport à l'ensemble européen, un énorme bloc retardataire. Historiquement d'abord. « Nous ne sommes partis qu'au x⁰ siècle de la barbarie la plus absolue, disaient ses historiens officiels. Nous avons embrassé le christianisme au commencement du xi⁰ siècle et connu à cette époque-là seulement la civilisation byzantine. Dès le xiii⁰ siècle et jusqu'au milieu du xv⁰, les khans tatars-mongols ont été suzerains de nos princes, et nous n'avons effacé qu'en 1783, par la conquête de la Crimée, le dernier vestige de leur joug. Nous sommes entrés en 1700 dans la grande famille européenne dont nos voisins, les Polonais, les Suédois et les Danois, nous empêchaient jusque-là de faire partie. »

Ce qui a tenu la Russie à l'écart de l'occident, c'est sa religion « autocéphale » dont le prince des Grands Russiens était le pape, avec l'idée étincelante qu'il était envoyé par Dieu pour conquérir le monde. C'est aussi le despotisme sauvage qu'Ivan le Terrible ne fit que légaliser et stabiliser, à l'imitation des procédés de règne byzantins et mongoliques, grâce à un écrasement énorme des masses — une oppression qui ne peut être comparée qu'à celle qui est installée dans le règne animal. Pierre le Grand réalisa le progrès matériel « à coups de despotisme ». Lui et les impératrices qui suivirent : Anna, Elisabeth, Catherine II, ne transformèrent la société que par en haut, par le dessus doré. En réalité, comme le dit Garchine dans *Althea Magnus*, « le plafond du tsarisme a arrêté la croissance de l'arbre ».

Dans les temps modernes contemporains, la

politique extérieure de la Russie impériale, murée du côté de l'Europe, a été l'expansion au sud et au sud-est : convoitises sur le débouché commercial et stratégique de Constantinople, pesée suffisamment lourde sur l'empire ottoman pour y déborder automatiquement à mesure que celui-ci s'affaiblissait, développement d'influence dans les Balkans, visées vers la Perse, colonisation asiatique. Ces diverses tendances étant, naturellement, contrecarrées par les mains avides et la longueur des bras de la grande politique européenne.

Stagnation économique. L'agriculture de la Russie, où plus des quatre cinquièmes de la population sont des paysans, était très volumineuse en raison de l'immense étendue et de la fertilité des champs (un tiers de la récolte mondiale du blé, plus de la moitié de la récolte mondiale de l'orge et du lin, etc...). Mais les instruments étaient rudimentaires, les procédés arriérés.

Le paysan russe était tombé très bas dans l'échelle des êtres : mendiant et esclave du grand propriétaire, en proie à un régime féodal, pressuré par le fisc. Si on avait posé, avant la guerre, cette question à un paysan russe : « Pour 100 roubles de revenu de ton travail, combien payes-tu à ton propriétaire ? », le paysan du gouvernement de Vladimir aurait répondu : Sur 100 roubles, je dois lui verser 100 roubles 40 kopecks ! Celui de de Koursk : 104 ; celui de Samara : 106 ; celui de Poltava : 108 ; celui de Nijni-Novgorod : 127 ; celui de Kalouga : 133. Tous ces malheureux auraient ajouté : en plus, je paye 15 roubles d'impôts. Et si l'on veut savoir quelle était la restitution de l'Etat sous forme de dépenses d'intérêt public : elle était d'un demi-rouble par tête. Des famines innombrables — sur lesquelles la consigne était de jeter le voile du silence, des famines qu'on ne saura jamais — fauchaient les générations d'hommes qui poussent sur les champs.

L'abolition du servage ne fut qu'une duperie. En Russie, comme dans tous les pays de *latifundia*, l'abandon des privilèges politiques (qui résulta partout, plus ou moins tardivement, de la Révolution de 1789), n'empêchait pas les grands d'appesantir la main sur le paysan pauvre et d'en tirer comme par le passé tout l'effort et le bénéfice qui sont contenus dans une carcasse d'homme. Les paysans et les ouvriers étaient trop pauvres pour être consommateurs dans les régions où s'installait le capitalisme industriel. La grande industrie métallurgique du Donetz ne pouvait même pas vendre des clous aux populations ambiantes. On voyait, dans l'immense Russie, les foules suivre par millions, à pied, les voies des chemins de fer. Les profits de l'exploitation, détournés du pays et de ses habitants, détournés de l'industrie et de l'agriculture elles-mêmes, étaient gaspillés en jouissances personnelles par les maîtres privilégiés. Il en résultait partout l'arrêt dans le développement et le perfectionnement du travail.

L'industrie russe a subi une impulsion assez grande dans la période qui a précédé immédiatement la guerre. Mais elle restait, elle aussi, fort arriérée dans son outillage et surtout dans son organisation, et elle était devenue, d'une façon inquiétante pour l'économie russe, tributaire du capital européen.

La gabegie et la prévarication sévissaient de haut en bas, compromettant ou condamnant les entreprises publiques. Un coup d'œil sur l'exploitation des chemins de fer russes illustre cet état de choses, qui révèle, disaient les économistes d'alors, lorsqu'ils n'étaient pas des courtisans, « un gaspillage honteux et des abus de confiance innombrables. » En 1896, le bénéfice des chemins de fer était de 11 millions de roubles ; en 98, de 8 millions huit cent mille ; en 99, de un million deux cent mille ; en 1900, déficit de 2 millions six cent mille roubles. Ce déficit devint en 1901, de 33 millions, en 1902, de 45 millions, en 1908, de 300 millions.

Il y avait, dans les budgets, des fuites et coulages montant jusqu'à 75 millions de roubles.

Pour faire face à la situation, — surtout après la guerre russo-japonaise, qui fut imposée, dit-on, par une compagnie commerciale, la compagnie Bézobrazov, dans laquelle le tsar avait de gros intérêts — le gouvernement impérial contractait emprunt sur emprunt à l'étranger. La situation devenait grosse de menaces. M. Rudolf Martin, Conseiller d'Etat à l'Office Royal des Statistiques de Berlin, écrivait cette conclusion à son livre *L'Avenir de la Russie*, paru en mars 1906 : « La Russie prépare la plus gigantesque banqueroute de l'histoire. » Anatole France disait en 1910 : « Le gouvernement du Tsar a failli au droit, à l'honneur, à la raison, à l'humanité. Après toutes ces banqueroutes, la banqueroute financière est certaine et proche. »

Il n'est pas inutile d'ajouter ici que les partis constitutionnels qui envisageaient l'éventualité d'un nouveau gouvernement de la Russie, furent unanimes à déclarer, plusieurs années avant la guerre, que ce gouvernement « ne reconnaîtrait pas les emp᷈nts contractés depuis 1906, c'est-à-dire depuis l'heure où le tsarisme s'est trouvé en conflit avec le peuple russe : Les emprunts contractés par l'autocratie contre la nation ». Il ne s'agit pas des socialistes, mais des partis constitutionnels bourgeois.

Quant à la politique intérieure du tsarisme, elle n'était pas compliquée : Russification, par tous les moyens matériels, des minorités ethniques : obscurantisme, sabotage des Russes et des colonisés. Cette formule fut plus âprement appliquée sous l'avant-dernier tsar, Alexandre III (et son éminence grise le Procureur du Saint Synode Pobedonostsev), que sous plusieurs de ses prédécesseurs qui témoignèrent parfois, sinon d'un esprit libéral, du moins de lubies qui pouvaient passer pour telles.

Dans la Transcaucasie, les populations pauvres subissaient l'asservissement des tsars à un degré de plus qu'ailleurs, parce que « étrangères ». Des lois spéciales sévissaient contre ces étrangers nationaux, principalement contre les musulmans et contre les Juifs qui n'avaient pas le droit de séjourner à Tiflis ou dans les villes, qui n'avaient pas non plus le droit de posséder de la terre, mais seulement une maison dans certaines régions (loi de 1892). Les tribunaux de Transcaucasie s'applaient les Tribunaux de la Cour. Les juges étaient nommés par le Russe géant du centre : « Les populations caucasiennes ne jouissaient que du droit d'être jugées. ». Un pouvoir despotique révoltant était donné par la loi aux parents, vis-à-vis des enfants, même majeurs (pour sauvegarder le principe de la vieille armature familiale), le droit des femmes était mutilé. Le système pénitentiaire était « un système de fantaisie lugubre ».

Galitzine, gouverneur du Caucase sous l'avant-dernier règne, abolit tout ce qui pouvait rester d'institutions nationales tolérées par les tsars précédents. Les allogènes étaient traités en vaincus. Excitation des races et des religions l'une contre l'autre. L'antisémitisme jouait un rôle de vedette. Les popes étaient des agents du tsarisme. C'est en partie pour cela que le peuple russe s'en est si délibérément détaché, autant que pour cette autre raison de fait : leur manque de tenue et de dignité. (Les popes des campagnes sont inénarrables : d'une mentalité très basse, ivrognes et jouisseurs, avec leur trogne éclatante et leur tignasse sale. Les caricatures qu'on en fait sont des portraits.)

Après la grande et tragique vague du parti *narodnik* ou populiste, qui agit par le terrorisme

et les attentats, le marxisme disciplina les tendances et les forces révolutionnaires vers 1880.
Premier Congrès social-démocrate en 1897. En
1903, le deuxième congrès où, sous l'influence de
Lénine, se marqua la cassure, à propos d'une
motion, entre menchéviks et bolchéviks.

En 1905, il y eut, comme on sait, un immense
soulèvement révolutionnaire dans toute la Russie.
Il fut écrasé férocement, méticuleusement, interminablement.* Après les fusillades dans la rue,
comme la grande hécatombe du 9 janvier, les
emprisonnements, les exécutions, se succédèrent
sans arrêt. Nicolas II, le *minus habens* chamarré,
l'uniforme sanguinaire qui trônait au Kremlin,
donna l'ordre de n'acquitter aucun prévenu, et
surtout, de ne jamais lui demander de grâces.
7.000 condamnations politiques au cours de
chaque année qui suivit 1905. En deux ans, on
supprima 950 publications. En 1905, 85.154 prisonniers politiques ; en 1906, il y en eut 111.403 ;
en 1907, 138.000 ; en 1908, 169.579 ; en 1909,
200.000 (1). Les *Bandes Noires*, sicaires de *l'U-
nion du Peuple Russe* (association monarchiste
fanatique, mêlée de bandits et de police), mirent
le pays tout entier à feu et à sang.

Les haines de religions furent exaspérées par

____

(1) A noter comme caractéristique en raison de la personnalité de son signataire, cette circulaire du général major Taube,
commandant en chef de la Gendarmerie Russe, en date du
27 juillet 1907 : « Différents rapports que j'ai reçus m'ont
permis de constater que tous les gendarmes tirent très mal sur
les prisonniers politiques. Cet état de choses doit cesser. Désormais, les gradés qui tireront mal seront mis à la retraite. »

les prêtres. Le Congrès des missionnaires ortho-
doxes de Kiev, réprouva la tolérance, et décida à
une grande majorité « la lutte contre la bête » (la
bête : l'hérétique et le rouge). Des pogroms écla-
tèrent : à Kichinev, Bakou, Mohilev, Nijni, Sed-
letzs, Orcha, pour ne citer que les principaux. Les
pogromistes furent quelques fois condamnés, toujours grâciés. Les avocats firent grève, les tribunaux leur ayant interdit d'exposer les causes véritables des pogroms. On sait aujourd'hui que
ces massacres étaient méthodiquement organisés
par la police. Komisarov, officier de gendarmerie, a pu dire : « Nous sommes à même d'organiser un pogrom, tel qu'il vous plaira, qu'il
s'agisse d'une dizaine ou de dix mille personnes ». « Nous faisons hurler des villages entiers comme des vaches ! » criait le Procureur
impérial à Spiridovna prisonnière. Par ailleurs, la police, soit pour provoquer des troubles, soit pour faire condamner des innocents,
fabriquait des proclamations qu'elle imprimait et
tirait sur des presses confisquées aux révolutionnaires. Mais ce qui est plus odieux encore, c'est
la comédie de libéralisme que l'autocratie joua
à ce moment.

Toutes les tyrannies se proclament libérales :
Panine, conseiller et courtisan de Catherine II,
disait de cette magistrale despote — qui distribua
à ses nobles deux millions de paysans russes avec
de la terre autour — qu'elle avait des idées libérales « à renverser les murailles ». De nos jours,
les pouvoirs d'oppression qui trônent, n'osent

pas avouer publiquement qu'ils sont assis sur les principes démocratiques : cette pudeur est, dans les vieux régimes, la seule marque du mouvement des idées. L'empereur Nicolas II, le pantin hébété de l'impératrice, l'homme qui a tué le plus de Russes, excipa de son ardent amour pour le peuple dont il était le « petit père», et lui octroya une constitution. C'est pendant cette période que le ministère Stolypine remplaça le ministère Witte et que quatre Doumas se succédèrent. Les deux premières furent dissoutes, parce que ces assemblées, bien que débonnaires et très pâles, ne l'étaient pas encore assez. La troisième, d'une nuance encore plus anémique, fut une Douma de domestiques qui approuvait d'avance le gouvernement de l'autocrate. Elle fut surnommée la Douma des *Evet Effendim* (*Oui, monsieur*). D'ailleurs, en 1907, une modification déjà anticonstitutionnelle, de la loi électorale, qu'on appela avec raison un coup d'Etat, avait restreint encore le suffrage électoral au point que la Douma ne représentait dès lors que 150.000 citoyens privilégiés — le millième de la population de la Russie.

On prétendait, en haut lieu, que, somme toute, le peuple n'était pas prêt pour la liberté. C'est le sophisme d'usage, qui permet de perpétuer la persécution par l'ignorance, et l'ignorance par la persécution. On arguait aussi de l'impatience même de la revendication populaire : « Il y a longtemps que l'autocratie aurait donné à la nation les libertés qu'une minorité très petite réclame pour elle, si les mouvements révolutionnaires ne l'en avaient, à deux reprises au moins, empêchée. »

Stolypine, l'étrangleur de là Révolution, (c'est le titre qu'il se donnait), réglait de la même façon la question des nationalités, en se référant aux mouvements séparatistes réprimés dans le Caucase : « On nous demande de réunir les nations si diverses et parfois si peu civilisées qui composent la Russie, dans une fédération où elles jouiraient de l'autonomie ! La Russie a été livrée à l'anarchie... ». On ne fit donc que des semblants de concessions pour masquer l'absence de réformes. La grande idée du tsarisme déclinant et acharné fut une certaine loi agraire qui avait pour but la suppression du *mir*, exploitation collective de la terre, et cela au profit de la petite propriété individuelle, plus rassurante pour le pouvoir.

Quand Stolypine fut tué à Kiev par un révolutionnaire, on écrivit : « La Némésis justicière l'a frappé à mort. Stolypine — louche, sinistre, sanguinaire — a mérité son destin. La Russie des prolétaires est en fête. La fin tragique du ministre de Nicolas II est peut-être le commencement d'une nouvelle période d'action révolutionnaire. Espérons-le. En attendant, gloire à l'homme qui a accompli le geste sacré du vengeur ! ». Celui qui écrivait cela le 23 septembre 1911 s'appelait Benito Mussolini. Il s'appelle encore ainsi.

Au reste, dans les années qui précédèrent la grande guerre, beaucoup de personnes prévoyaient la grande révolution.

Plus que la corruption et le banditisme des fonctionnaires, que la débauche de la haute société aristocratique, que les déficits et les dettes, que l'impitoyable et longue répression, excessive même de l'aveu des octobristes (1), par laquelle on voulut liquider le soulèvement de 1905, — que les conditions du mouvement ouvrier s'effectuant dans le secteur le plus arriéré du front impérialiste européen, plus que cela, le sort du paysan ligotté par un code médiéval, — servage, persécutions, famine, — la rendait inévitable pour qui savait ouvrir les yeux.

Il y avait aussi l'attitude politique de la bourgeoisie moyenne, qui en liant son sort avec l'aristocratie des grands propriétaires, écartait la possibilité d'une révolution bourgeoise depuis longtemps mûre, d'une révolution « modérée », selon le scénario en usage ailleurs, et qui n'est qu'un changement mélodramatique d'étiquettes, et à proprement parler, une révolution de palais, le pouvoir restant toujours, dans ces cas-là, aux mains d'une classe dirigeante.

Sans doute, on ne pouvait pas prévoir le fait d'un conflit armé tellement général qu'il accaparerait toutes les forces des vastes gendarmes de l'ordre établi que sont les grandes puissances capitalistes, et sèmerait à la volée des misères, des ruines, des calamités et des colères qui eussent soulevé des pierres. On ne pouvait pas prévoir

(1) Parti octobriste, parti constitutionnel du centre, moins conservateur que le parti conservateur, plus conservateur que celui des Cadets ou constitutionnel démorate.

non plus la plénitude du génie de Lénine qui exprima, régla et distribua la force prolétarienne déchaînée. Lénine qui, au milieu de la révolution debout, sut voir et prévoir, trouva la juste mesure entre les idées et l'action, et dont les mots d'ordre sont les mots de passe du présent à l'avenir.

Mais en dehors de ces dernières causes, qui sont l'apport immédiat des contingences, et par conséquent occasionnelles, la raison essentielle, « la grande raison spécieuse » du soulèvement définitif, c'est la question agraire.

Les paysans russes ne sont pas des illuminés — ce sont, au contraire, des clairvoyants. Ignorants, mais simplistes et lucides, attachés à la logique de la terre.

Gardons-nous donc de dérailler dans le leit motiv du « mysticisme russe ». La « Sainte Russie » appartient au passé — et à la littérature.

Luc Durtain dans son livre sur l'U. R. S. S., éclaire tout son tableau par cette seule lueur : le mysticisme russe, de religieux, devenu révolutionnaire. Cette thèse demeure d'ordre descriptif et pittoresque ; elle n'est pas une explication. Il resterait à déterminer comment il se fait que la foi d'un peuple ait accompli si vite une si complète volte-face, du surnaturel au réel, et si délibérément laïcisé son Dieu.

C'est qu'en vérité, les Russes, dont je viens de dire qu'ils sont simplistes et lucides, sont avant tout des réalistes : réalistes depuis leurs paysans, jusqu'à leurs artistes qui tâtonnent énergiquement vers le concret, en passant par leurs orateurs qui parlent sans geste et sans éloquence, comme des instituteurs et des savants. Si entre le culte des Saints et le culte de Lénine, il y a tout un monde, c'est le monde logique et vivant.

Dans les âges où ils étaient murés en un destin implacable, sans issue, les « moujiks » traditionnels s'éblouissaient de superstition ; mais le rayonnement abstrait des icônes tenait mal sur eux, eux qui étaient faits pour être les diables, ou les anges, ou les héros, d'une idée claire — je veux dire d'une idée faisant corps avec les choses. Si on entend par mysticisme l'attachement aveugle à un idéal inexplicable, il ne s'applique pas aux Russes. Il n'en est pas de même, si mysticisme veut dire, *au contraire*, besoin de savoir et de tenir (même ce qui se passe dans le ciel, même ce qui se passe dans la mort), besoin passionnel de convertir l'apparence en réalité. S'il faut absolument employer le mot, disons qu'ils sont les irréductibles mystiques du savoir. Esprit de sacrifice ? Non, esprit d'avenir (1).

(1) Quelques survivances que la pacification et la stabilisation sociale font apercevoir en ce moment plus distinctement que pendant le tumulte révolutionnaire, ne doivent pas nous donner le change sur le discrédit définitif dont la religion est atteinte dans l'U. R. S. S. comme partout ailleurs sur le globe. Elle est sapée à la base irrémédiablement par les progrès de la science qui de tout ce qu'elle touche fait tomber les mirages. La science montre aussi, depuis qu'elle a appliqué la méthode positive à l'histoire sacrée, les raisons politiques et les machinations qui ont fabriqué les religions de toutes pièces pour asservir les hommes à l'ordre établi en spéculant sur le prestige du surnaturel et la terreur individuelle de la mort,

Il y a du vrai dans la thèse pourtant encore assez mystique, de Hertzen qui, faisant un parallèle, après 1848, entre la petite bourgeoisie égoïste et mesquine d'Europe, et le moujik instinctivement collectiviste du *mir*, prétendait que la morale et le salut du monde viendraient de celui-ci. Tolstoï aussi a dit, avec raison, cela du peuple russe, Tolstoï qui incarne doublement le génie russe dans sa puissanec de création et dans la recherche passionnée et jalouse de la vérité, mais qui n'a pu se dégager des puériles traditions où il était né et qui a conduit tant d'esprits et de cœurs sur des voies fausses, dont il leur faudra revenir.

Gaston Leroux, qui fit un brillant reportage dans la Russie en 1905, écrivit alors de là-bas : « Il serait tout à fait injuste de ne pas reconnaître

et ont introduit de la sorte dans le genre humain, pendant des siècles, une seconde âme fallacieuse. Le bon sens lumineux de l'organisation collective nouvelle — qui elle aussi est recherche de vérité — pénètre irrésistiblement les foules de cette évidence que leur « salut » est de ce monde, et aussi qu'il est entre leurs propres mains. Le pullulement des sectes et des systèmes religieux plus souples et plus vagues que la rigide orthodoxie, cette efflorescence qu'on peut qualifier de réforme protestante tardive, du schisme chrétien oriental, et qu'on peut comparer à ce « réformisme » politique, superficiel et illusoire, que le marxisme en action a depuis longtemps dépassé ; de même les combinaisons assez étranges que les populations soviétiques de l'Asie échafaudent entre leurs vieux mythes et l'ordre nouveau — tous ces phénomènes de multiplication de formules religieuses opportunistes, qui se produit aujourd'hui dans tous les pays du monde et notamment en France, ne prouvent que la décomposition et l'agonie de la cause religieuse. La superstition jette son dernier feu, comme l'impérialisme.

aux paysans russes dont l'immense majorité ne
savent pas lire, un bon sens naïf, et une extraordinaire et terrible logique qui ne s'embarrasse
guère de préjugés. Il n'est pas de paysans au
monde qui n'aient plus le sentiment de leurs
droits à la terre qu'ils travaillent. »

Quand un peu plus de clairvoyance tombe sur
ces prisonniers-là, la révolte est leur réponse à
la clarté.

Dans les provinces russifiées du Caucase qui,
sous le vice-roi de Tiflis et le métropolite russe
végétaient, en leur développement culturel, industriel et commercial (on n'exportait que le manganèse de Tchaouri, et à peine le pétrole et le
tabac), tous les mouvements sociaux de Russie
avaient eu leur répercussion, depuis le mouvement décabriste de 1825 jusqu'au mouvement
populiste (nihiliste) de 1870 à 1880.

En 1883, première réunion des révolutionnaires
marxistes dans la Transcaucasie. Apparition d'un
programme de partage des terres et de démocratie (Ingorovga, le premier agitateur). Apparition en Géorgie d'un autre programme, purement nationaliste celui-là : l'indépendance de la
Géorgie, un petit tsar géorgien, sans plus.

Le parti nationaliste (dit : fédéraliste) se ren-
força au cours des années. Le parti social démocrate se forma, prit de l'influence.

La divergence, au sein de ce parti, entre menchéviks et bolchéviks, s'avéra à Moscou en 1903,
nous l'avons vu, et au Caucase en 1904.

Quant aux provinces arméniennes enchaînées
avec les autres gouvernements caucasiens et au
milieu d'eux, elles présentaient certains caractères
ethniques originaux qui aggravaient leur destinée : l'Arménie russe était pour ainsi dire doublement bloquée et par le régime tsariste (qui la
préservait, il est vrai, de la conquête turque), et
par les voisins qui l'encerclaient et lui bouchaient
le monde : la Géorgie et l'Azerbaidjan. La religion arménienne est une section spéciale du
christianisme, c'est la religion grégorienne, qui
forme elle aussi, à côté de l'Église orthodoxe
russe, une Église autocéphale, ayant son chef suprême local : le Catholicos. La religion, grégorienne qui se rapproche de ce qu'on est convenu
d'appeler « le christianisme des premiers âges »,
a une certaine apparence démocratique, susceptible de fournir quelque matériel (comme on dit
aujourd'hui), aux thèses de libération populaire.
De plus, sur le plan économique, qui est le plan
positif, les persécutions et la dispersion des Arméniens, avaient déterminé chez ce peuple laborieux
et tenace une activité industrieuse, et amené la
formation d'une petite bourgeoisie commerçante
qui s'était enrichie (comme cela s'est produit
pour les Juifs). D'où animosité de la noblesse
géorgienne, oisive et gaspilleuse, dont les biens
passaient aux mains de cette bourgeoisie arménienne.

Le mouvement révolutionnaire arménien prit
naissance à l'étranger à la suite de la non exécution des réformes dont les six grandes puis-

sances s'étaient engagées par le traité de Berlin en 1878 à surveiller la réalisation et à l'occasion sur sursaut de sympathie provoqué par les malheurs de l'Arménie : Le premier organe de revendications nationales a été fondé à Marseille en 1884 par M. Portou Kabian : *L'Arménia*; ensuite parurent successivement l'*Arménie* de Tchéraz, à Londres puis à Paris, *La Cloche* (Hntchak) du poète-apôtre Nazarbek, à Genève en 1887. Ce dernier était d'esprit marxiste et empreint de l'influence des brochures de Plekhanov. Mais son succès fut beaucoup plus nationaliste que socialiste. Le parti nationaliste Hntchak, de Genève, représenta dès lors l'idéal arménien pour la généralité des Arméniens errant à travers le monde, et pour le bloc enserré dans l'épaisseur des autres territoires de la vice-royauté, et de la Turquie.

Christophore Mikaelian et J. Loris-Melicov conjuguèrent les efforts du groupe d'étudiants les « Exécutants », partisans de l'action directe, et du parti Hntchak, et ils fondèrent la Fédération des Révolutionnaires Arméniens (Dachnaksoutioun). Le parti dachnak naquit et resta foncièrement nationaliste, malgré les prétentions et les aspirations de quelques-uns de ses dirigeants et bien qu'il se réclame du parti socialiste révolutionnaire et soit membre de la IIe Internationale. « Le programme, dit M. Loris Melicov, consistait à faire aux Kurdes et aux Turcs une guerre de partisans et à envoyer des bandes armées (haïdouks) en Arménie turque ». Il ajoute : « On observait déjà à ce moment de grands défauts dans l'organisation : absence d'un programme nettement défini, divergence des opinions politiques »... Après la mort de Mikaelian, lutte d'influences, questions personnelles, impossibilité de donner un nom politique à ce parti — dont la grande et confuse directive était la lutte, défensive puis offensive, de l'Arménie turque et russe contre le sultan et le tsar.

Malgré cette incohérence, ou plutôt à cause d'elle, la tendance nationaliste du parti dachnak s'intensifia et se manifesta par une agitation violente et vaine, et une série d'attentats : On acheta clandestinement des fusils à Toula (Russie), et on les transporta par le Caucase jusqu'en Turquie, on organisa des complots contre le sultan (Banque Ottomane, Yldiz-Kiosk). Cette agitation eut pour unique résultat de provoquer des représailles sanglantes contre les Arméniens de Turquie.

De plus, les formations révolutionnaires géorgiennes et arméniennes se trouvèrent par la force des choses en antagonisme l'une vis-à-vis de l'autre, par suite du manque d'un principe politique et social commun : En Géorgie, c'est l'aristocratie agraire qui dominait : les grands propriétaires princiers, peu à peu ruinés par l'improductivité de leurs revenus, au profit de la bourgeoisie commerçante ; tandis que chez les Arméniens, c'est cette classe capitaliste bourgeoise qui maîtrisait la vie économique. Chez les grands agrariens de Géorgie, l'idée de l'autonomie de la Géorgie prit corps au contact de l'Arménie, par orgueil de race et surtout en raison de la montée financière de la bourgeoisie arménienne. Ils lui opposaient un conservatisme sourd et brutal, et, naturellement, faisaient jouer le grand jeu de la haine des races.

En ce qui concerne l'Azerbaidjan, nous avons vu, dans notre premier coup d'œil sur Bakou, le rôle du parti moussavat qui poursuivait en théorie le but de l'indépendance de l'Azerbaidjan mais, en réalité, menait une action turcophile identique à celle du mouvement panislamique.

La révolution de 1905 se fit sentir partout sur la terre caucasienne, notamment au nord de la Géorgie (Il y eut même un vague gouvernement de paysans dans le nord). Stolypine ordonna, en 1909, des arrestations en masses d'Arméniens. En une seule nuit, on emprisonna plus de cinq cents intellectuels. L'Arménie fut à nouveau ensanglantée. La russification sévit de plus belle. La police, en Géorgie et en Arménie, était recrutée parmi les musulmans. Les Arméniens furent le plus rudement traités. Le tsarisme, en même temps qu'il essaya d'annexer l'Église arménienne à l'Église orthodoxe, profita des jalousies et des ressentiments provoqués par l'enrichissement des bourgeois arméniens qui étaient arrivés à posséder presque tout le commerce de Tiflis, une grande partie du pétrole de Bakou et d'immenses propriétés, pour ameuter, selon sa ligne de conduite invariable, ses sujets les uns contre les autres et exécuter en paix un terrible massacre d'Arméniens à Bakou.

Les Tatars de l'Azerbaidjan étaient relativement ménagés par le tsarisme, par suite de l'appui que la réaction tsariste trouvait dans l'influence aristocratique des Khans.

Après la répression, l'agitation couva dans les villes et les campagnes. En Géorgie, l'influence menchévik grandit, les bolchéviks étant plus directement et violemment frappés par la vengeance de la réaction triomphante.

Lors de la comédie constitutionnelle des doumas, on vit se former l'alliance entre les fédéralistes nationalistes et les menchéviks. Bien que les premiers fussent plus enracinés comme parti, ils remettaient volontiers leurs intérêts entre les mains des menchéviks, utiles par leurs ramifications russes et internationales, et qui servaient indirectement la cause de l'indépendance nationale par leur opposition au tsarisme. Les masses paysannes géorgiennes adhéraient facilement au socialisme par réaction contre l'oppression tsariste qui les dépossédait de tous leurs droits humains. Jordania, chef du parti menchévik géorgien, fit partie de la représentation caucasienne de la première Douma. Tseretelli (actuellement membre du Comité Exécutif de la II° Internationale) fut député à la seconde Douma. Dans la quatrième Douma, les sièges caucasiens furent partagés entre fédéralistes et social-démocrates.

L'historien impartial, calmé et objectif, qui racontera comment le Parti Socialiste international en qui s'est incarné à son début la revendication ouvrière en même temps que l'opposition violente au tsarisme et autres régimes réactionnaires, s'est divisé en II° et III° Internationales — en menchéviks ou minimalistes, et en bolchéviks ou maximalistes — dira aussi que les menchéviks géorgiens, au contact des faits, par suite du manque de rigueur de leurs principes révolutionnaires, ont été amenés à pactiser de plus en plus avec les éléments nationalistes et, par la pente politique, avec l'aristocratie et la bourgeoisie conservatrice et impérialiste, c'est-à-dire à pratiquer une tactique opportuniste qui a tordu leur doctrine originelle de lutte des classes, et est devenue, par la force des choses, presque exclusivement contre-révolutionnaire et contre prolétarienne.

Pendant trente ans, les social-démocrates de Géorgie ont considéré comme une dangereuse folie la tendance des fédéralistes qui souhaitaient faire de la Géorgie une nation autonome. Jordania et ses collègues ont lancé leurs foudres, avec raison, contre cette théorie démagogique qui ne pouvait amener pour le pays que déboires et que ruines.

La tactique de compromission se dessina lorsque les élections prouvèrent aux social-démocrates la force réelle dans le pays des national-démocrates et des fédéralistes, qu'ils avaient jusque-là ouvertement combattus. Ces partis étaient ceux de la noblesse, et « le malheur de la Géorgie, a dit un de ses dirigeants, est de compter 6 % de nobles. » De plus, les anciens officiers tsaristes foisonnaient. Dès lors, l'ère des concessions commença pour les menchéviks. On les vit notamment, modifier leur attitude socialiste vis-à-vis des peuples voisins, et en premier lieu, des Arméniens ; on vit Jordania renier le projet de Confédération des Peuples du Caucase dont il avait pris l'initiative et qui enfermait les revendications nationales géorgiennes dans des limites que n'acceptaient pas les partisans de la « plus grande Géorgie ».

Si, après 1905, l'autocratie russe, maquillée de libéralisme, fit quelques réformes fantômes (que le vent emporta), en Russie, on ne fit rien en Géorgie. Lorsque Tiflis demanda une université, le ministère de l'Instruction Publique refusa catégoriquement. On trouvait encore en Géorgie cette catégorie de paysans datant de 1860, qu'on appelait les « obligatoirement obligés ». Ils étaient libérés du servage, mais, trop pauvres pour avoir de la terre, continuaient à servir sans salaire argent. Il y avait aussi la loi de Khisan : les paysans pauvres qui quittaient un maître trop dur et s'offraient à un nouveau, devaient lui offrir aussi tout leur bien et servir sans salaire. Contre ces abus révoltants, des lois nouvelles furent déposées, mais ces lois mal défendues par les social-démocrates, furent constamment ajournées à la Douma. D'autre part, les députés social-démocrates géorgiens ne protestèrent pas contre les massacres des minorités. La paresse sociale de la Douma et l'opportunisme des représentants du Caucase firent si bien, que ceux-ci abandonnèrent de plus en plus le principe de la revendication ou-

vrière, de la lutte de classes, et s'en tinrent à la
« plateforme nationaliste ». En 1914, ils applau-
dirent à la guerre impérialiste.

Les nationalistes géorgiens soulignent volontiers cette abdication graduelle des menchéviks.

M. Raymond Duguet qui se fait l'avocat de
la cause nationaliste dans son livre *La Géorgie
Martyre*, après avoir dit nettement que si les patriotes géorgiens avaient envoyé des députés social-démocrates à la Douma, nonobstant des idées
démocratiques qu'ils ne partageaient pas, c'est
parce que ces hommes étaient les ennemis attitrés
du régime impérial, ajoute : « En luttant contre
le tsarisme, les social-démocrates géorgiens, par
la force des choses, luttaient pour l'indépendance
de la Géorgie. Ce fait va peu à peu les faire évo-
luer vers des tendances plus nationalistes, et par
là ils se différencieront des social-démocrates
russes ou menchéviks. ». « Donc, spécifie-t-il, il
ne faut pas dire, comme M. Renaudel : Géorgie
socialiste, mais : union sacrée. »

M. Loris Melicov, Arménien naturalisé Français
qui joua un rôle notable, nous l'avons vu,
dans le mouvement d'opposition transcaucasien
sous l'ancien régime, et auquel on peut reprocher
une certaine utopie dans ses conceptions sociales, mais qui n'en est pas moins d'une sincérité et d'une loyauté évidentes, détermine
avec beaucoup de netteté la déviation menchévik géorgienne : Les représentants de la social-
démocratie, comme Jordania et Tseretelli, en présence de l'attitude et de l'influence des partis

nationalistes dirigés par les grands propriétaires, « se trouvaient devant cette alternative : Ou renier le passé et s'associer à ce courant nationaliste, ou bien soutenir fermement leur programme. La première solution a été plus séduisante, et ils ont évolué à droite... Le nationalisme séparatiste de la noblesse géorgienne sortit victorieux de l'épreuve. Ce fait explique des persécutions qu'eurent à subir des minorités nationales et des Arméniens. L'attitude de ces chefs socialistes paraît inconcevable après leur glorieux passé. »

En Arménie les inconséquences des dachnaks amenèrent des collusions — et des collisions — entre les Arméniens russes d'une part, et, d'autre part, les Arméniens turcs et les Jeunes Turcs. Et finalement les Jeunes Turcs, victorieux dans leur pays, ont fait faire en 1915 un épouvantable massacre d'Arméniens.

En février-mars 1917, le tsarisme, frappé au cœur, à Pétrograd et à Moscou, par les ouvriers, les marins et les soldats, s'effondra. L'homme couronné remit son abdication, sans bien savoir ce que c'était, aux deux envoyés qui montèrent dans son train spécial pour la lui réclamer. Plusieurs gouvernements provisoires se succédèrent. Cette révolution était menchévik. Ayant atteint son but, la chute du trône, elle ne songeait qu'à éviter une restauration monarchique, et par ailleurs ne visait qu'à faire du nouvel Etat russe un « Ersatz » des républiques bourgeoises d'Europe.

Or, le Grand-Duc Nicolas Nicolaiévitch était
vice-roi à Tiflis et généralissime sur le front caucasien. (Il organisa depuis à Paris des machinations pour rétablir sa famille au Palais d'Hiver.).
Il resta vice-roi quelque temps, et discuta avec
des délégations menchéviks « des meilleurs
moyens de gouverner le pays ». Les Conseils
d'Ouvriers et de Paysans ? Oui. — Ils existaient,
mais sans rôle effectif.

Quatre mois après la révolution, se forma le
Comité Caucasien des députés de la Douma, où
entraient les social-démocrates, les dachnaks, les
fédéralistes, les Russes, et deux députés turcs de
l'Azerbaidjan. Ce commissariat dirigea toute la
Caucasie.

Plusieurs fois, des délégués furent envoyés par
le parti menchévik géorgien au Soviet menchévik
de Moscou, pour y traiter des questions d'intérêt géorgien, d'aide financière. Jamais à cette
époque, on ne fit allusion à l'indépendance de la
Géorgie. On considérait comme un crime le mouvement de détachement de la Finlande et de
l'Ukraine, et la formtaion d'un régiment caucasien.

Il n'était pas non plus le moindrement question du problème ouvrier, des huit heures, de la
répartition de la terre, ni de la politique révolutionnaire. Les délégués géorgiens s'intéressaient
surtout à la délimitation des frontières intracau-
casiennes.

En l'année 1912, les divergences s'accentuèrent
jusqu'à la scission nette, au sein du parti social-

démocrate géorgien entre menchéviks et bolchéviks. C'est du reste ce qui se passa dans tout l'ex-
empire des tsars.

En octobre-novembre 1917, la révolution bolchévik éclate et triomphe.

Cette seconde révolution diffère totalement de
celle de février qui n'avait abattu que le tsar et
l'appareil direct du tsarisme. Elle prit sa force ex-
plosive dans la lourde et compacte opposition qui,
sous l'égide du nouveau régime, fut dirigée
contre la classe ouvrière par la coalition des Cadets, de la bourgeoisie, des menchéviks, des so-
cialistes-révolutionnaires anarchistes, des officiers, de la grande presse, du reste du mécanisme
de l'Etat, de l'Eglise. Ensuite, sur les décombres
de l'empire et de l'éphémère décor républicain
qui s'était momentanément substitué au vieux
régime, elle installa carrément l'Etat Ouvrier et
Paysan.

Les Etats capitalistes ont tout fait pour étouffer
cette expérience historique à la signification et
aux conséquences incalculables. Blocus, guerre,
argent, armes et munitions distribuées aux armées blanches, troubles civils provoqués ou en-
venimés, attentats, complots, trahisons, sabo-
tages, faux, calomnies. Ce n'est pas ici le lieu
d'entrer dans le détail de l'énorme et multiforme
intrigue destructive qui se développa (et se développe encore), autour de l'événement le plus important des temps modernes : le surgissement
d'un ordre social émanant des masses.

Il fallut une ténacité et une énergie presque surhumaines, une continuité de vue implacable, un génie de décision, pour arriver, la première fois dans l'aventure des hommes, à créer un ordre collectif non plus en « arrangeant » l'ancien ordre par le haut, mais en en remaniant profondément les bases. Rien n'est plus pathétique que certains épisodes décisifs de la Révolution, où cet extrémisme magnifique joua sa chance tout entière et ne l'emporta parfois que de peu.

Il faut bien que nous comprenions ceci, nous autres qui n'avons jamais réussi que des révolutions de février, et d'ailleurs quelles que soient nos opinions personnelles : la révolution d'octobre, portant sur un territoire qui constitue la sixième partie des terres du globe, et sur un peuple de 140 millions d'êtres, marque une date imposante parce qu'elle a mis fin à la domination jusqu'ici sans partage du capitalisme dans le monde. Elle a posé quelque part sur la mappemonde, la communauté des citoyens travailleurs, le statut neuf qui après la liquidation complète d'un séculaire ordre de choses anarchique, doit aboutir à la république homogène du travail.

Le phénomène soviétique qui se développe depuis dix ans est un fait d'adaptation rationnelle des forces humaines à des lois naturelles, à la physique de la vie collective. La multitude, ensevelie, est remontée au soleil et, y a pris toute sa place. L'événement n'apparaît scandaleux aux yeux de la bourgeoisie que parce que cette démocratie intégrale est en violente contradic-

tion, dans le domaine des faits, avec nos pseudo-
démocraties bourgeoises, où en réalité le financier est roi. Il n'apparaît scandaleux vis-à-vis des
socialismes de toute nuance que par son opiniâ-
treté doctrinale et son intransigeance irréductible.

Que cette conception, qui recommence la société par son assise innombrable, qui pousse la
logique jusqu'au bout non seulement dans les
mots, mais dans les choses, qui amène la suppression du parasitisme, du désordre, et de l'a-
narchie (et de la guerre), qui permet la réalisation de plans d'ensemble, de répartitions équi-
tables, une mise au point raisonnée de toute
l'économie collective, qui rend l'agriculture à
l'agriculture et l'industrie à l'industrie, — que
cette conception soit une forme supérieure de la
réglementation de la production, cela n'est pas
discutable. Qu'elle soit utopique ou non, le
temps le montrera. Il a déjà, aux jours où nous
vivons, commencé à le montrer.

En Transcaucasie, les bolchéviks rassemblè-
rent un Comité Exécutif. Au mois de novembre
1917, après la dissolution de l'Assemblée Constituante à Pétrograd, ceux des membres de cette
assemblée qui représentaient la Transcaucasie, y
revinrent. Ces parlementaires chassés s'octroyè-
rent pleins pouvoirs et constituèrent le parlement caucasien, le Seym. Il en sortit la coalition
gouvernementale présidée par Keketchkori, qui
comprenait des représentants des partis menché-

vik, dachnak, moussavat. La Transcaucasie, organisée non en république, mais en fédération, rompit les relations avec Moscou, agit en toute indépendance, et dans le but de complaire aux alliés et de combattre les Turcs, s'organisa militairement. En d'autres termes, profitant du trouble des temps, elle abandonna la révolution, abandonna le peuple russe, pour se jeter dans les bras des puissances occidentales.

Par opposition au bolchévisme, les partis nationalistes aidèrent les Turcs à détruire l'armée russe. Il y eut des tueries de soldats russes, par milliers, à Chamhor et dans bien d'autres lieux.

L'Arménie se trouva dans une situation tragique : décimée par la guerre et les massacres perpétuels, en proie à la disette, harcelée par le Turc (en décembre 1917, extermination en masse dans les onze villages du district Noukha), sur son territoire dégarni par le départ (et aussi, l'assassinat) de l'armée russe, l'Arménie se vit de plus abandonnée par la Géorgie qui refusa de lui porter secours. D'autre part, les Tatars du Caucase suscitaient des difficultés à la mobilisation arménienne.

Des négociations de paix furent entamées avec la Turquie sur les bases suivantes : reconnaissance par la Turquie de l'indépendance de la Caucasie et de sa séparation de la Russie, en échange de la reconnaissance du traité de Brest-Litovsk, qui faisait à la Turquie des concessions territoriales (Batoum, Kars et Ardahan). Les négociations traînèrent en longueur du fait des Arméniens qui comprenaient que, isolés de la Russie, ils seraient un jour ou l'autre la proie de la Turquie. Les Géorgiens poussaient à la signature de ce traité d'autant plus que les Turcs se montraient disposés à leur laisser Batoum (ce qui fut fait), si l'Arménie signait le traité — ce qui fut fait également par suite des pleins pouvoirs que le Seym caucasien conféra à cet effet au président Tchenkeli. Mais tout fut remis en question, malgré que la Géorgie, prépondérante dans le gouvernement transcaucasien, fît successivement toutes les concessions à la Turquie ; et les malheureuses régions caucasiennes devinrent le théâtre de mêlées et de désordres sanglants continuels.

C'est la période de la domination des armées étrangères dans ces pays coupés de la Russie. L'armée turque qui les investissait et les menaçait de toutes parts, puis l'armée allemande. La Géorgie avait signé au début de 1918 un traité par lequel elle se plaçait sous le protectorat de l'Allemagne. Au reste, le général allemand von Lossov fut, à ce moment, le vrai maître de toute la Transcaucasie. La Géorgie concéda aux Allemands tous les chemins de fer du Caucase. Avec l'appui de l'Allemagne, elle fit des acquisitions territoriales aux dépens des Arméniens. L'Arménie dut signer avec la Turquie un traité de paix qui la réduisait à un territoire infime. La Turquie poussa son *alter ego*, l'Azerbaidjan moussavatiste, à obtenir son indépendance, pour s'assurer un accès éventuel en Transcaucasie. Les historiens de l'avenir, que j'ai déjà invoqués, diront les combinaisons,

les compromissions — et les trahisons — auxquelles donnèrent lieu ces diverses occupations.
Plus que jamais, la Transcaucasie fut le pays des
frères ennemis. Mais ce qui ressort en tous cas,
de cette complexe stratégie politique, c'est que
l'indépendance de la Transcaucasie et celle des
nations qui la composent ont été proclamées non
selon la volonté des populations, mais sur l'in-
jonction du commandement étranger.

Le 25 mai 1918 le gouvernement général transcaucasien se disloque, pour incompatibilité de
rouages. Les Turcs exigeaient la ligne frontière
Batoum-Ardahan-Kars, prévue au traité de Brest-
Litovsk. Les Géorgiens et les Arméniens refusant
de se soumettre aux exigences des Turcs, ceux
ci prirent l'offensive contre le front caucasien
dont la défense était assurée principalement par
les Arméniens. Batoum ayant été occupé, les
Géorgiens — pour qui la continuation de la lutte
n'avait plus d'objet — voulurent mettre fin aux
hostilités et firent donner, par le gouvernement
du Seym, l'ordre de livrer Kars, contrairement
à la volonté des Arméniens de défendre la forteresse. Cela ne satisfit pas les Turcs qui formu-
lèrent de nouvelles exigences. Leur but était de
pousser jusqu'à Bakou, en passant sur le corps
de l'Arménie dont la population aurait subi le
même sort que celle de l'Arménie turque.

Les Menchéviks géorgiens, après des tracta-
tions secrètes avec les Allemands en vue de s'assurer leur protection, lâchant leurs alliés, pro-
voquèrent la dissolution du Seym. Le jour même

de la dissolution du Seym, le 25 mai, la Géorgie se déclare indépendante. A un jour d'intervalle, l'Azerbaidjan et l'Arménie font de même.

Tous les hommes de sens droit qui ont examiné la question de la Transcaucasie avec quelque objectivité, ont été unanimes à reconnaître que cette coupure nette, qui donnait momentanément satisfaction aux fanatiques nationalistes, et faisait, provisoirement, les affaires de quelques groupements privilégiés, était néfaste pour ces trois pays, trop petits et trop faibles et dépendant économiquement les uns des autres. Quel que soit le point de vue auquel on se place, la seule combinaison présentant des chances logiques de stabilité est celle d'une fédération des trois états du Caucase méridional. La formule d'isolement en trois unités ne peut que favoriser le désordre intérieur, les machinations avec l'étranger, et la guerre réciproque, en donnant un caractère plus aigü et plus concret à des ambitions nationales contradictoires.

Le but du gouvernement géorgien, menchévik d'étiquette, était de recréer l'ancienne Géorgie, de tenir l'Azerbaidjan sous son influence, et d'exercer un protectorat sur l'Arménie. Il lui fallait gagner les bonnes grâces des Turcs et rester lui-même sous le protectorat de l'Allemagne — car un organisme aussi précaire que la nation géorgienne ne pouvait subsister par ses seules forces. La victoire des Alliés empêcha les dirigeants géorgiens de se livrer complètement à l'Allemagne.

Désorientés de l'Allemagne, ils s'orientèrent vers les Alliés. M. Avalov raconte comment se comportaient ces « démocrates » qui mendiaient aux puissances leur indépendance, et de l'argent.

La nouvelle fournée d'occupation militaire amena trois hauts commissaires : français, anglais, italien. Le commissaire français, M. Chevalier, marchand de bois, a été dépeint généralement comme un esprit borné. Mais il avait des relations utiles avec la contre-révolution et notamment avec Denikine, Kornilov et Alexeiev. Recommencement des intrigues au milieu desquelles le pouvoir géorgien évolue, il faut le reconnaître, avec une souplesse parfaite.

Aussitôt les trois républiques proclamées, les dissentiments surgirent à propos des délimitations de frontières — la désastreuse géométrie des nationalistes — et « les sentiments guerriers se réveillèrent » (Ils n'avaient guère dormi). Les Géorgiens voulaient, selon la belle formule lapidaire qu'on applique à son gré à la période la plus favorable qu'on choisit dans l'histoire, « leurs frontières historiques » (1) Le gouverne-

(1) A propos de ce jeu de société de l'argument historique — placer la fiche au bon endroit — on peut remarquer que des régions de Géorgie ont été indépendantes à un moment donné, par exemple le district Akhalsikh-Akhalkhalaki, qui se détacha de la Géorgie à la fin du xive siècle, alors qu'il était gouverné par les seigneurs atabeks, et proclama son indépendance. Ces régions seraient fondées théoriquement, en se basant sur ce précédent, à réclamer leur indépendance au sein de la Géorgie tout comme la Géorgie au sein de la Transcaucasie. Notons enfin que l'Arménie dachnat a réclamé ces mêmes territoires.

ment Jordania refusa à certaines minorités de
Géorgie le droit au plébiscite et à l'autodisposi-
tion, que le Congrès de Berne et celui de Lu-
cerne avaient décidé en leur faveur « au nom
des principes démocratiques ». Les Arméniens
exigeaient l'agrandissement du trop petit territoire qui leur restait finalement après tant de vicissitudes.

Guerre douanière. Essai de main mise du plus
fort (le Géorgien), sur les chemins de fer caucasiens. J'ai déjà raconté l'aventure des 80.000 Arméniens d'Akhalkhalaki qui fuyant les persécutions turques furent repoussés du territoire géorgien par les troupes géorgiennes et refoulés
dans les montagnes où 30.000 de ces malheureux périrent. Peu de temps après, 15.000 Arméniens, femmes et enfants, de Noukha et de Chemakha, fuyant également les massacres, arrivèrent au village Lagodekhi, en Kahétie. Les
soldats géorgiens les chassèrent dans la direction des Turcs, qui les exterminèrent.

Les nouveaux maîtres de la Géorgie commen-
cèrent à nationaliser le pays en éliminant méticuleusement dans toutes les administrations, le
Russe et l'Arménien. « La bête noire demeure
l'Arménien » écrit un Français qui visita Tiflis
en 1919. A Tiflis, toutes les enseignes furent ré-
digées en langue géorgienne, en remplacement
du russe et de l'arménien, selon la méthode clas-
sique des potentats de Moscou. On retourna simplement sur le mur l'écriteau tsariste.

La constitution de la Géorgie nouvelle n'était

qu'une modification de façade de l'ancien état de choses, avec quelque imitation, par-ci, par-là, des démocraties occidentales. On ne peut pas sérieusement prétendre que ce fut là un gouvernement socialiste, ni même vraiment démocratique.

Pendant trois ans, aucune réforme sociale, nous l'avons vu par places. Pourtant le gouvernement menchévik géorgien avait le moyen d'agir, lui qui a accaparé tout le trésor que l'État Russe avait laissé à Tiflis, soit près de deux milliards (Il n'a donné que 20 millions à l'Arménie). Les Conseils Ouvriers n'avaient aucun rôle dans l'Assemblée Constituante qui succéda au Conseil National.

Le gouvernement socialiste, encore qu'il arborât le drapeau rouge, laissa la terre aux mains des grands propriétaires qui le soutenaient. On s'était bien mis à distribuer cinq à sept déciatines par personne, mais en commençant par les riches, et bientôt, il ne resta plus rien pour les non riches.

Rien au sujet de la journée de huit heures. Même législation du travail que sous le tsarisme. Les usines ne furent pas nationalisées, l'Église ne fut pas séparée de l'État (bien qu'on eût réquisitionné la fortune des églises). L'administration et la justice fonctionnaient, avec quelques modifications, d'après les lois russes antérieures. L'armée était formée comme sous le tsarisme et selon la même hiérarchie. Le gouvernement qui avait besoin de sa garde en uniforme, lui permettait tout, et elle terrorisait la population.

Quant à la vie industrielle et agricole, sous l'in-

fluence d'une politique générale, antiproléta-
rienne, et d'une politique économique que Clara
Zetkin, qui alla l'observer sur place à ce moment,
caractérise et flétrit très justement de l'épithète
de « passive », (cela dit tout), elle devint, de
pénible, désastreuse. Le marasme économique
prit, de mois en mois, l'allure d'un cataclysme ;
régulièrement, pendant toute la durée du régime
« démocratique », les chiffres de la production
tombèrent, et le sort de la classe ouvrière et paysanne empira : misère et famine, sans compter
les persécutions. En 1920, le Ministre de l'Économie Nationale de Géorgie constatait que la production dans toutes les branches, avait baissé de
60 %. Il parlait de la « destruction complète des
forces productrices », d'épuisement définitif, et
il ajoutait qu'il n'y avait aucun espoir de re-
médier à la catastrophe grandissante.

L'inflation accentuait cette glissée au gouffre.
La multiplication de la paperasserie monétaire
devenait un lugubre prodige. Le commerce extérieur qui en 1913, dépassait un million, n'atteignait même pas le dixième de ce chiffre en 1922.
Une certaine animation subsistait encore à Tiflis,
mais autour de la capitale, le pays était quasi
mort.

Cela est lisible à chaque ligne de leur histoire :
la politique des menchéviks géorgiens n'a jamais été une politique qui a cherché à appliquer
des principes sociaux, mais uniquement une
politique d'intrigues et de concessions opportu-

nistes, sacrifiant tout à la réussite personnelle :
une gymnastique éperdue pour rester à la direction des affaires : Ils ont donc été acculés à accentuer leur position nationaliste et à jeter par-
dessus bord le programme socialiste : 1° pour
s'attirer les masses simplistes, aplaties et as-
phyxiées par le tsarisme, et à qui ils faisaient
croire que le bolchévisme était un autre tsarisme
plus barbare encore ; 2° pour marcher avec les
autres partis utiles, géorgiens et caucasiens ; 3°
pour avoir une raison de combattre les bolchéviks et leur programme purement socialiste ;
4° pour s'attirer les bonnes grâces de telle ou
de telle riche puissance étrangère dont l'appui
leur était indispensable — en un mot, pour se
maintenir au pouvoir, coûte que coûte.

Mais dans leurs relations avec la II⁰ Internationale, les menchéviks géorgiens s'efforcent d'ap-
paraître plus socialistes que nature. Leur socialisme, il faut bien le constater, est surtout article
de polémique étrangère et d'exportation.

Quant à la guerre entre nationalités, les menchéviks la multiplièrent — c'est un fait indé-
niable dont nous avons vu de nombreux
exemples — prisonniers qu'ils étaient des partis
chauvins, des Alliés, et de leur propre haine
contre les bolchéviks. Guerres contre les Arméniens, (vis-à-vis desquels ils ont eu une attitude
odieuse et inexcusable), guerres contre les Turcs
(les Arméniens et les Turcs se battaient aussi entre eux), même politique que le tsarisme vis-à-
vis des minorités.

La guerre mangeait tout. Il ne restait rien pour les hommes. Famine terrible, soulèvements dans les ouiesds de Gouria, de Douchet, de Ratchinsk. Les social-démocrates les répriment affreusement, par le fer et le feu. Des clameurs de désolation s'élèvent. On demande qu'on ouvre les chemins vers la Russie, d'où venait le blé.

La situation de la république d'Arménie se présentait beaucoup plus instable encore que celle de la Géorgie, enfermée qu'elle était dans la masse de la Transcaucasie, sans débouchés, horriblement pilonnée et saccagée, menacée par les Géorgiens et les Musulmans, guettée par les Turcs. Le plateau arménien, d'après ceux qui l'ont visité à ce moment, « donnait l'impression d'un désert » — malgré ses richesses minérales et le courage industrieux de ses habitants.

Sous le tsarisme, la position économique de l'Arménie était moins désavantagée, parce que le centre la vie intellectuelle et économique du Caucase méridional, la ville de Tiflis, (ainsi que Batoum et Bakou reliées par le chemin de fer transcaucasien) était ouverte à toute la population de l'isthme caucasien. La Transcaucasie tout entière a besoin de cette capitale.

Le gouvernement de l'Arménie passa intégralement aux mains du parti dachnak. Le président du conseil Khatissov n'avait aucune conception politique fixe : « Vaniteux par-dessus tout, il tenait essentiellement à rester à la tête du gouvernement arménien, bien qu'il fût devenu, selon ses propres paroles, le valet du parti dachnak, lequel dirigeait et le Ministère et le Parlement ».

La société se soumettait à ce parti par l'intimidation et la peur. Les agents du dit parti supprimaient le ravitaillement dans les villages où on n'élisait pas le candidat dachnak. Une grande partie des Arméniens intellectuels et de profession libérale s'exila, ne voulant pas se soumettre au Comité du parti dachnak.

Ce Comité était dirigé par d'anciens chefs de bande, comme Sassountzi, ou Rouben, hommes courageux mais sans capacités organisatrices. Pas de ligne politique : comme par le passé, absence totale de directives en dehors d'une violente et aveugle tendance pro-arménienne et antiturque : le parti dachnak n'a jamais été et ne devait jamais être qu'un parti d'agitation nationaliste. Pour le moment, il était en proie à l'ivresse du pouvoir. Plusieurs ministres se livraient à la spéculation. Quelques initiatives (universités, voies de communication) témoignaient de bonne volonté. Mais des dépenses excessives ont été faites pour envoyer dans les quatre coins du monde des ambassadeurs et des conseils avec de copieux états-majors, pour multiplier une bureaucratie débordante, une armée de fonctionnaires. Et en réalité l'Arménie était à la veille de la faillite.

L'organisation de l'Azerbaidjan était des plus primitives. Les ministères, le gouvernement, le Parlement, existaient, mais pour la forme. Tout le mécanisme étatique était entre les mains des moussavatistes et des panislamistes (représentant les grands propriétaires fonciers et les capitalistes musulmans). Les Jeunes Turcs avaient la haute main sur l'administration et sur l'armée. Les finances étaient alimentées par les riches Tatars agrariens. Tout cela revient à dire que dans les coulisses de cette comédie puérile d'indépendance, la Transcaucasie orientale était attentivement couvée par la Turquie.

Le 7 mai 1920, traité soviético-géorgien reconnaissant, en échange de certains engagements, l'indépendance de la Géorgie. Mais le gouvernement géorgien a violé les clauses les plus formelles de ce traité par son attitude ouvertement et effectivement hostile au pouvoir soviétique. Un véritable mouvement contre-révolutionnaire fut, en effet, organisé avec la complicité et l'aide directe du gouvernement menchévik, dans tout le Caucase.

En Arménie, à Alexandropol (Léninakan), une révolte des ouvriers et paysans avait été étouffée cruellement par les dachnaks en 1920. Mais en novembre de la même année, les paysans de Kasak et de Chamehaden se révoltent de nouveau, établissent sur place des comités révolutionnaires, exigent et obtiennent l'abdication du gouvernement dachnak. Les Soviets avaient pris le pouvoir en Azerbaidjan ; l'armée rouge occupa Bakou. Ramichvili, ministre géorgien (un des protagonistes du menchévisme géorgien), menaça de guerre l'Azerbaidjan soviétisé. Arrestations, exécutions de révolutionnaires.

Le Caucase du Nord, le Daghestan, et l'Azerbaidjan, soviétique, étaient infestés de menées
contre-révolutionnaires et d'actes de banditisme.
Tous les agents et les organisations qui fomen-
taient ces troubles, avaient leurs états-majors et
leurs foyers à Tiflis, sous la protection avérée
du gouvernement. De Tiflis, ouvertement, des
armes furent transportées dans les défilés
du Nord.

Les menchéviks géorgiens ont également violé
le traité de mai 1920, en soutenant Wrangel en
guerre avec les Soviets, puis, après la fuite de
Wrangel, en apportant leur appui à la contre-
révolution dans le Midi.

Le gouvernement géorgien affama l'Arménie
soviétique, et la réduisit au plus complet dénuement en refusant de laisser passer en Arménie le blé et le pétrole de Bakou. A un moment donné, la Géorgie consentit à laisser passer le blé et le pétrole, mais en quantité infime :
les passages furent tout de suite fermés à nouveau, et la malheureuse Arménie se trouva à
toute extrêmité. D'autre part, le gouvernement
géorgien a aussi interdit l'entrée en Arménie de
la farine que les Arméniens de l'étranger avaient
envoyée à leurs compatriotes.

Des troupes communistes, composées de sujets
géorgiens d'origine arménienne, parcouraient la
zone neutre située entre la Géorgie et l'Arménie.
Ces troupes en révolte contre le gouvernement
géorgien, appuyèrent une insurrection qui éclata
dans des districts géorgiens peuplés d'Armé-

niens. L'insurrection se propagea aussi dans les districts géorgiens peuplés de Turcs, limitrophes de l'Azerbaidjan. Ce soulèvement populaire fit appel au gouvernement soviétique d'Erivan et au gouvernement soviétique de Bakou.

Les soldats communistes d'Erivan (l'Arménie soviétique n'avait aucun accord avec le gouvernement géorgien), répondirent à l'appel de leurs frères et se portèrent en grande partie à leur secours. Les dachnaks, retirés dans les montagnes, en profitèrent pour envahir l'Arménie et prirent Erivan. A ce moment, bien que les ouvriers commençassent à s'agiter à Tiflis, la révolution courait le plus grand danger. L'amiral Dumesnil commandant la flotte française, se mêla de l'affaire caucasienne et se mit en devoir d'y participer. La T. S. F. de Moscou recueillait les conversations radiotélégraphiques les plus animées entre la flotte française et Tiflis, entre Tiflis et Erivan. Malgré tout cela, c'est un fait, que le gouvernement soviétique avait entamé des négociations avec le gouvernement géorgien, quand soudainement le fil télégraphique fut coupé entre la Russie et Tiflis. Tiflis cessa également de répondre à la T. S. F. russe. Moscou se trouvait, non par sa faute, séparée de Bakou et de Tiflis, dans cette période particulièrement critique.

Ces événements constituent autant de démarches hostiles et même, de déclarations de guerre de fait contre les Soviets, et réduisent à néant l'absurde légende d'une soi-disant agression ar-

bitraire de ceux-ci, et d'un pur et simple abus
de force de la Russie soviétique contre la Géorgie.
Il est plus exact de dire que l'attitude et les actes
agressifs de la Géorgie, appuyant les forces
contre-révolutionnaires, s'appuyant sur elles,
mettant son espoir dans la flotte française, avait
créé un réel état de conflit dont la responsabilité
n'incombe pas à l'armée rouge. Celle-ci se trouva,
dans la Transcaucasie, en raison des éventua-
lités dont nous avons énuméré les principales
(menace étrangère, prise d'Erivan, action contre-
révolutionnaire du gouvernement géorgien,
guerre sur la frontière même de l'Azerbaidjan
et parfois à travers cette frontière), en état de
légitime défense.

Il faut dire aussi clairement que la misère
effroyable et sans cesse accrue de la classe ouvrière géorgienne roulant à l'abîme, de l'aveu
même des dirigeants social-démocrates, que les
souffrances et le dénuement de la classe paysanne
dont les répressions gouvernementales ne
faisaient qu'augmenter l'irritation, avaient
complètement détaché les masses du pouvoir
menchévik et incité la majeure partie de la population à considérer ses dirigeants comme ses
ennemis.

C'est dans ces conditions que le noyau soviétique de Géorgie qui s'était formé sur le champ
de bataille réclama le concours des troupes rouges
de Bakou.

Au Centre, on ne se décida pas à la légère.
Là-bas, dans la petite chambre à hautes fenêtres

de l'Institut, l'homme à figure de Mongol et qui avait l'air de rire, hésitait. Ce sont les faits qui ont poussé Lénine à dire qu'il le fallait : les provocations, les attentats, la guerre contre-révolutionnaire, avec l'ingérence impérialiste, s'intensifiaient. Le prolétariat caucasien était trahi. Les menchéviks n'avaient pas respecté les engagements. L'inaction des troupes rouges de Bakou était devenue littéralement impossible.
les engagements. Et puis, le prolétariat caucasien était trahi. L'inaction des troupes rouges de Bakou était devenue littéralement impossible.

Dès novembre 1920, la mobilisation géorgienne s'était effectuée en vue de la guerre définitive contre la révolution dont pourtant, l'Etat géorgien était né : 50 à 55.000 hommes : « En réalité, dit un historiographe, 148.000 Géorgiens passèrent sous les drapeaux. »

En février 1921, l'armée rouge d'Azerbaidjan secourt les groupes qui luttaient contre les menchéviks dans la zone neutre séparant la Géorgie et l'Arménie. Le 25 février, Tiflis était encerclée.

Il convient de noter que le gouvernement soviétique géorgien conclut avec Lordkiparidzé, un des principaux membres du gouvernement menchévik, un armistice qui ouvrait la voie à une collaboration. Mais les ultra-nationalistes et impérialistes soutenus par l'amiral Dumesnil, repoussèrent l'armistice, et s'exilèrent, dans l'espoir de reconquérir le Caucase avec l'aide de la France.

Les menchéviks évacuèrent donc la ville, détruisant les ponts jusqu'à Batoum, et emportant tout ce qu'ils purent porter. Lénine proposa d'entamer des pourparlers avec Jordania, et cela fut tenté par radio. Jordania ne répondit pas. En mars 1921, l'ex-gouvernement géorgien, Jordania en tête, s'embarqua précipitamment pour l'Europe.

Quatre jours après l'entrée des Soviets à Tiflis, la France a reconnu comme légal le gouvernement naufragé de Jordania, comme elle a reconnu Koltchak et Wrangel, et il faut le dire nettement, cette reconnaissance-là est dictée par les mêmes mobiles que les autres. M. Doumergue, Président de la République Française, a accueilli Tsenkeli comme l'ambassadeur de l'Etat Jordanien. De quel droit les scribes des chancelleries raturent-ils les pages d'histoires ? (1).

L'Angleterre a agi un peu différemment. Lloyd George venait de reconnaître le Caucase comme sphère d'influence russe, ce qui fut spécifié dans le Trade Agreement signé avec l'Union Soviétique à peu près au moment de la chute de Tiflis. Bien qu'on ne doive pas s'illusionner outre mesure sur les sentiments de l'Angleterre qui a, bientôt, à demi reconnu le gouvernement menchévik expulsé, et qui sans doute n'a jamais

---

(1) Le dictionnaire Larousse fait de même et mentionne la Géorgie, l'Arménie, et l'Azerbaïdjan comme des états indépendants, ce qui est pour le moins téméraire de la part d'un ouvrage encyclopédique de simple information dont la première qualité devrait être la véracité.

cessé de fixer les yeux sur les deux énormes accessoires de la politique extérieure qui se trouvent en Transcaucasie : la clef de l'Arie et le pétrole européen — il n'empêche que cette attitude de l'Angleterre jointe à celle de la Turquie qui n'aida pas les menchéviks comme ils l'avaient espéré, mais qui signa à ce moment le traité de Moscou avec l'U. S. — constitua un échec retentissant pour la France.

Les menchéviks en furent pour leurs concessions et leurs bassesses vis-à-vis de la Turquie : notamment les félicitations qu'ils avaient adressées aux armées turques après la prise de Bakou et après l'égorgement de seize mille enfants, femmes et vieillards.

Il est indispensable pour mettre sur table tous les éléments de la question, de constater que la Géorgie communiste n'a eu d'abord aucun lien avec la Russie. Au bout d'un an et demi, la Géorgie s'est fédérée avec l'Arménie et l'Azerbaïdjan, puis elle a jugé nécessaire de s'unir à la Russie et à l'Ukraine par une convention spéciale, étant stipulé qu'elle avait le droit de se retirer de l'Union (art. 4 de la Constitution de l'Union).

La question de la soviétisation de la Géorgie est devenue celle qui tient le plus de place dans la propagande organisée contre les Soviets. Je me souviens de l'influence qu'elle a exercée (j'étais alors à Londres), sur les élections anglaises qui ont donné naissance à l'actuelle majorité. Certains dirigeants de la démocratie belge inscri-

vaient dernièrement encore, l'indépendance de
la Géorgie parmi les revendications immédiates.
Le parti social démocrate français et allemand ont
fait un abondant usage de cette question de
Géorgie, et l'ont prise à leur compte, par une
blâmable complaisance de parti pris vis-à-vis de
la section géorgienne de leur Internationale. On
a réédité à ce sujet toute l'invective contre-révolutionnaire. On croit entendre encore les ful-
minations centenaires de l'Angleterre soi-disant
libérale contre les guerres de défense de la Ré-
Révolution Française. Et pourtant, comme nous
l'avons vu, il appert des faits que les bolchéviks ont été provoqués à la guerre par les intrigues hostiles des mégalomanes nationalistes
menchéviks escomptant l'appui de l'étranger.
La guerre où s'engagea l'armée rouge ne fut pas
une guerre offensive, ce fut une guerre défensive.

J'ai vu Staline à Moscou. J'ai parlé avec lui
pendant de longues heures dans son vaste bureau
nu et inhabité, sauf dans le coin où il se tient,
près de la fenêtre. Cet homme, revêtu d'un uniforme de sous-officier sans insigne, et qui, lui
aussi, a l'air de toujours sourire, parle posément
et doucement, toujours du même ton, les yeux
fixés sur de petits dessins qu'il crayonne sans
arrêt sur un papier. Il m'a expliqué toute la
structure des événements, de fond en comble. Il
en ressort ceci : les menchéviks n'avaient pas
respecté les engagements, le prolétariat était
trahi, la révolution était assaillie de toutes parts,

par les armes. Pouvait-elle ne pas se défendre ?
Il me demanda : N'était-ce point un droit ?
Je lui ai répondu : C'était un devoir.

Je pense que les gens de bon sens et de conscience claire, lorsque se seront effacées les perspectives déformantes des événements trop proches et leur bousculement direct, et qu'ils examineront ce litige historique et moral avec sérénité, s'étonneront qu'il y ait pu avoir à son sujet deux jugements différents dans le monde. Ils estimeront à juste titre que ces dirigeants qui n'ont été socialistes que dans la mesure où ils ont exploité la révolution pour atteindre le pouvoir, devenu aussitôt nationaliste dans leurs mains, n'avaient aucun droit respectable à faire valoir, ne représentaient que leur propre ambition, n'apportaient que des éléments de désordre et de ruine, et ont joué une grossière comédie.

Et beaucoup de ces gens de cœur, dépassant les points de vue de droit où se cantonne rigoureusement la politique extérieure du gouvernement soviétique, se réjouiront qu'en définitive le jeu des provocations menchévik, ait amené la délivrance d'un peuple.

Constatons que le point de vue de droit a été parfois, lorsque les besoins de la cause impérialiste l'exigeaient, mis hypocritement de côté par les démocraties capitalistes. Ils lui ont opposé un *surdroit* politique. Je veux simplement évoquer un fait, un simple fait entre des multitudes : l'intervention armée de la France en 1919 lorsqu'elle envoya une division d'infanterie et une escadre dans la Mer Noire contre la Russie soviétique. Quelles raisons invoqua-t-on ? « Au regard de la sécurité du monde, le fait seul que des destructeurs avérés aient en mains ces immenses pouvoirs (les ressources de la Russie) aurait dû suffire pour que les puissances occidentales reconnaissent dans les bolchéviks les ennemis du genre humain contre lesquels la lutte est non seulement un droit et un devoir, mais aussi un acte de légitime défense », dit M. Jean Xydias, qui a consacré un copieux et enthousiaste ouvrage à cette aventure.

M. René Pinon se croit fondé à dire que cette intervention ne constituait pas à proprement parler une intrusion dans les affaires intérieures d'un Etat étranger, qu'elle dépassait ce point de vue, et qu'il s'agissait de délivrer un pays et en même temps le monde, d'un danger d'ordre social et général.

Certes, nul n'ignore que lorsqu'une puissance médite quelque mauvais coup de force contre un autre pays, elle fabrique à son usage une noble interprétation publique des faits, qui s'y adapte comme une fausse clef. Elle met en avant l'honneur ou le devoir, les intérêts de la civilisation, la protection des citoyens, et prend soin de poser en théorie que ses ennemis sont les ennemis du genre humain. Toutes les annales du colonialisme et de l'oppression des pays faibles sont émaillées de rhétoriques de cette espèce. Mais si les annexionistes parlent le langage de l'équité, quel langage parleront les hommes d'équité, sinon le même ?

Passant par-dessus toutes les considérations diplomatiques que les bolchéviks ont respectées, nous disons, nous autres internationalistes, au sujet de l'envoi de l'armée rouge en Géorgie, exactement ce que disaient nos compatriotes impérialistes à propos de l'envoi des soldats et des marins dans la Mer Noire. Nous disons qu'il s'agissait de relever des foules et de servir le monde, et nous parlons aussi de destructeurs avérés et de légitime défense.

On proclame : « Ce que nous affirmons justement, nous, les autres le mentent ». Evidemment, il n'y a qu'une vérité, donc les uns mentent, les autres disent la vérité. Il n'existe pas de tribunal officiel ni de jurisconsulte patenté qui puissent les départager et décider les cas où de telles interventions sont infâmes, et les cas où elles sont légitimes. C'est à la multitude des honnêtes gens de le faire (1).

(1) Notons en toute simplicité que nos impérialistes français n'entendraient certainement pas de la même oreille la thèse des menchéviks géorgiens si elle était présentée, dans les mêmes termes, par un Jordania alsacien ou indo-chinois. Et cependant — nous reverrons cela de près — ce Jordania-là aurait beaucoup plus de raisons à faire valoir que l'ex-président du gouvernement éphémère que les vicissitudes historiques et les remous de la guerre ont fait passer à Tiflis. « Jamais la France ne consentira à la formation dans les territoires recouvrés par la guerre, d'un Etat neutre ou autonome », a déclaré solennellement M. Poincaré. Mais la France, celle du moins que personnifie M. Poincaré, consent à gratifier d'un caractère officiel et à aider, en sous main, effectivement,

Mais le drame n'est pas terminé. Il y a encore un acte : l'insurrection d'août 1924.

Après la soviétisation du Caucase, on vit un effondrement des dachnaks et des moussavatistes, et une dislocation de fait, qui devait se poursuivre ensuite sur un rythme plus rapide, se dessiner au sein du parti menchévik géorgien : parmi les menchéviks, les uns se ressaisirent, les autres, trop engagés et trop ambitieux, persévérèrent dans leur haine aveugle contre la révolution. Une majorité politicienne, et une minorité restant ou rentrant, dans les principes socialistes.

Un type caractérisé de cette minorité est Sandro Devdariani, qui fut ministre géorgien de l'Instruction Publique, et, après la soviétisation, président du Comité Central illégal menchévik à Tiflis. Depuis, il tenta de réorienter droit la social-démocratie géorgienne. Dans l'autre catégorie, celle des politiciens inconscients, il nous faut bien placer Jordania, malgré son prestigieux passé.

On peut se demander de quel droit l'organisation dirigeante géorgienne s'est détachée après octobre de l'organisation d'ensemble de la révolution russe dont émanait son autorité, en profitant de ce que la Révolution était assaillie de toutes parts, et s'est détachée du même coup des principes prolétariens fondamentaux. On peut se demander aussi de quel droit, et en vertu de quel mandat, Jordania a dirigé, depuis, l'action de

un gouvernement débarqué chez elle et qui tente de faire la même chose vis-à-vis d'une autre république.

son parti comme il l'a fait, poussant ses partisans aux plus dangereuses compromissions, aux
plus folles aventures et aux plus sanglantes tra-
gédies. Ce n'est ni le Parti ni le peuple qui lui
ont donné le mandat de marcher dans cette voie.
Jordania, seul, agissant comme un tsar déchu, a
fait marcher le Parti et le peuple (1).

Le 10 avril 1921, s'ouvrit une conférence menchévik qui condamna l'intervention armée et
l'insurrection contre les Soviets. Les menchéviks se déclaraient prêts à collaborer avec les bol-
cheviks pour la reconstruction culturelle et économique. Mais ces mots d'ordre ne furent suivis
tout d'abord que par quelques-uns, et le pouvoir
soviétique ne crut pas pouvoir laisser une existence officielle au parti social-démocrate géorgien, comme il avait commencé à le faire.

Le reliquat du menchévisme géorgien, inspiré
de Paris par Jordania et Ramichvili, a assemblé
un bloc antisoviétique en réunissant tous les
partis : fédéralistes, national démocrates, et jusqu'aux princes géorgiens rebelles et chefs de
bandes. L'organe de cette guerre fut le Comité de
l'Indépendance de la Géorgie. Cette cohue dis-
parate agitait comme un lambeau de drapeau une
profession de foi sommaire : « L'indépendance
de la Géorgie » (nous verrons un peu plus tard

----

(1) On peut se demander aussi quelles sont les ressources qui
permettent à Jordania d'entretenir son état-major et d'alimenter
sa propagande personnelle, et si ce ne sont pas les trésors nationaux géorgiens qu'il a emportés avec lui comme une propriété particulière.

ce qu'elle vaut par elle-même). Sa devise c'était (les faits sont là, ineffaçables) : Le pouvoir par tous les moyens. Et il y eut aussi la Commission Paritaire, fondée en 1922, et composée de national-démocrates, de socialistes révolutionnaires, de nobles, de féodaux agrariens, d'anciens officiers, et de mencheviks, et dirigée par le menchévik Khomériki. Des membres de cette Commission ont reconnu, par la suite qu'elle avait reçu de l'argent de l'étranger. On a trouvé dans sa caisse des billets de banque français.

C'est Jordania et ce sont ces Comités qui ont organisé l'insurrection nationaliste de 1924.

Dans leur grand et célèbre rapport circonstancié, les travaillistes anglais, antibolchevistes notoires, envoyés en mission en Russie en 1924 écrivent à propos de l'insurrection : « En août 1924, répondant à l'appel de leurs chefs confortablement installés à Paris, quelques partisans msnchéviks tentèrent une insurrection. Ils ont tué la cause menchéviste en Géorgie. »

Le Courrier socialiste, organe des menchéviks russes, paraissant à Berlin, a écrit dans son numéro du 18 septembre 1924, après l'échec du mouvement, que le parti social-démocrate géorgien était contre l'insurrection.

Sandro Devdariani, mieux renseigné, et pour cause, a écrit exactement le contraire : « Le soulèvement fut préparé avec le concours le plus actif des chefs du parti social-démocrate géorgien, en premier lieu par ses représentants à l'étranger. » Et le dirigeant menchévik appuie son argumentation sur des faits concrets. J'ai vu un membre important du parti menchévik géorgien, ayant joué dans ce parti un rôle prépondérant jusqu'à « l'août sanglant », et qui m'a expliqué comment la Commission Paritaire dont il faisait partie avait élaboré l'insurrection dans « l'espoir » que celle-ci amènerait l'intervention armée des puissances.

Déjà, dans le rayon de Gouria et en Mingrélie, en Svaneti, en Khevsoureti, il y avait eu des soulèvements fomentés par d'anciens officiers (et dès qu'un village tombait entre leurs mains, ils inscrivaient en première place dans leur décret, le retour de la terre aux nobles). Mais, à côté de ces foyers de conspiration et d'agitation, une autre propagande se fit jour, qui commença à travailler à l'étranger. Les dépossédés du pouvoir s'adressèrent à la France pour solliciter son aide morale et matérielle. Il y eut des négociations et notamment une entrevue à laquelle assistait le général Weygand.

Une supplique fut adressée par le gouvernement parisien de Géorgie à M. Briand pour lui soumettre un plan d'action. « Et nous avons en conséquence l'honneur de solliciter l'appui de Votre Excellence pour la réalisation du programme ci-joint, avec l'aide du capital français », écrivaient ces social-démocrates. M. Briand répondit, et proposa de faire, dans les milieux financiers français, des démarches « de nature à procurer le soutien nécessaire à l'alliance des républiques caucasiennes ».

Le 7 novembre 1921, un fait capital : une
entrevue entre M. Loucheur, et les « représentants » de la Géorgie, de l'Azerbaidjan, de l'Arménie, et du Caucase du Nord. Voici, d'après le
procès-verbal de cette entrevue mémorable, les
paroles de M. Loucheur : « Nous avons ces
questions à résoudre : 1° Quelle aide en armes,
argent, et approvisionnements, attendent de la
France les représentants des quatre républiques
du Caucase pour le rétablissement du pouvoir
légal ? 2° Quelles compensations et quelles valeurs en espèces et en matières premières, mi-
néraux ou produits en général, peuvent être
fournies les premiers temps par les républiques
du Caucase en échange de l'appui que la France
pourra leur prêter ? Vous avez du manganèse... »

En juin 1923 une commission militaire fut
organisée auprès du Comité de l'Indépendance de
la Géorgie, lorsque fut décidé le soulèvement
armé. Cette commission fit (de l'aveu d'un de
ses membres) le travail suivant : elle se lia avec
la province, elle reforma les organisations locales
sur le pied militaire.

Ainsi, non seulement le gouvernement légalisé
in partibus par M. Millerand en 1921, préparait
de son propre chef, sans mission du peuple caucasien, une insurrection générale, quitte à s'en
laver les mains une fois le sang versé, mais il le
faisait en vendant la Caucasie aux capitalistes
étrangers, et cela uniquement en vertu de « ce
puéril serment d'Annibal qui lui sert de doctrine : Détruire les bolchéviks » — car les graves

conséquences de tels marchés ne pouvaient lui
échapper.

Le colonel anglais C. B. Stokes, personnalité
de poids, puisqu'il fut haut-commissaire en
Transcaucasie, a écrit que le signal du soulèvement de 1924 vint de l'extérieur, ajoutant que
ceux qui l'ont donné se sont chargés là d'une
responsabilité terrible.

Andronikachvili lui-même, président du Comité de l'Indépendance de la Géorgie, écrivait en juillet 1923, que le mouvement insur-
rectionnel était voué à l'échec parce que le peuple
georgien n'en avait « ni le désir, ni les capacités », et qu'il ne pouvait aboutir qu'avec l'aide
de l'étranger. Préobrajinski, menchévik, dit en
1923 : « Si on pose la question du renversement
du pouvoir soviétique, il faut être franc, et déclarer que le seul moyen, c'est l'intervention non
de ceux qui veulent sincèrement nous aider,
mais des requins, comme Desgoutte et Poincaré
et autres amis de la Russie qui convoitent les
biens de notre pays. »

Dans les lettres chiffrées trouvées chez Noé
Khomériki, la préparation minutieuse du soulèvement apparaît, et on voit aussi la preuve de
l'intervention de la Pologne. Dans celles qui
furent prises chez Gognita Pagava, se révèle l'intervention de la France. Des faits aujourd'hui
patents attestent que les menchéviks furent en
rapports secrets étroits avec l'Etat-Major polonais. Certains d'entre ces faits, dont j'ai eu les
preuves formelles sous les yeux, se rattachent à

la propagande contre-révolutionnaire en Géorgie.
On a eu aussi la preuve des collusions des socialistes contre-révolutionnaires avec Savinkov,
agent de Koltchak et espion de Pologne, et les
mouvements blancs de Russie et de Carélie (1).

Dès lors, Devdariani n'a-t-il pas raison d'écrire
dans un sursaut de sa conscience : « Il y a une
alliance définitive et sans excuse de la social-
démocratie géorgienne avec les forces de différentes couleurs de la réaction la plus avérée »...
« Politiquement, le travail de Jordania est proche
parent du fascisme européen. Économiquement,
il plaçait la Géorgie sous la dépendance du capital étranger. »

Il ajoute : « Quoi que coupable des événements
d'août, Noé Jordania ne paraît même pas disposé
à en prendre la responsabilité. A un leader politique, on peut pardonner beaucoup de fautes,
mais jamais on ne lui pardonnera la lâcheté
politique. Or on ne peut appeler autrement ce

(1) Dernièrement, après le coup de force britannique des
perquisitions de *l'Arcos* et la rupture diplomatique anglo-
soviétique, les séparatistes géorgiens menchéviks ont envisagé
une alliance avec l'Angleterre en vue d'une intervention
armée, ainsi qu'il ressort d'un article publié par Karl Kautzky
dans le *Vorwaerts*. Kautzky trouve excellente l'idée de l'alliance avec l'Angleterre, mais il déconseille de l'entreprendre
avec le gouvernement Baldwin, uniquement parce qu'il estime
que celui-ci n'est pas très stable et que ce serait imprudent
dans ces conditions, de se lier les mains avec lui. Ce leader
de la IIe Internationale admet donc, par haine de parti, le
principe de la coalition d'un pouvoir déchu et dont nul ne
peut oser prétendre qu'il fut un pouvoir socialiste, avec l'impérialisme anglais, en vue de la chute de l'Etat révolutionnaire
constitué. Ce sera une tache sur sa mémoire.

reniement de la participation au soulèvement,
après la défaite. »

Le soulèvement eut lieu en août 1924. En lui-
même, il n'a été qu'assez peu de chose. On a profité pour le déclancher de l'amnistie et d'une dé-
mobilisation partielle. Le mouvement s'est réduit
à quelques émeutes qui ont duré deux ou trois
jours dans les régions paysannes de la Géorgie
occidentale éloignées des centres et dont la milice
était très raréfiée. Rien dans les villes. Bien au
contraire, il y eut dans les grands centres une participation énergique et effective des ouvriers à la
liquidation de l'aventure. De même dans les campagnes : en Adjaristan, par exemple, 1.500 paysans sans parti proposèrent de s'enrôler pour arrêter l'insurrection.

Les ennemis de l'Union Soviétique ont fait une
énorme publicité autour de la répression de ces
troubles. C'est devenu l'argument-massue, plus
encore que la prise de Tiflis par l'armée rouge.

On a grossi, dans l'opinion publique, la révolte. On a grossi aussi la répression. La grande
presse d'information de l'ordre établi (dont les
fausses nouvelles, si on les réunissait, forme-
raient une encyclopédie phénoménale), a fait son
fructueux métier. Le système perfectionné de dé-
nigrement des Soviets fonctionne la plupart du
temps à vide. Cette fois-ci, il n'y a pas manqué.
Mais, de plus, il a multiplié des faits réels pour
les jeux d'optique de la propagande. 4.000 victimes, a affirmé l'un ; 7.000 victimes, a spécifié

l'autre ; des villages détruits par l'artillerie ; des emprisonnements en masse, des exécutions s'amoncelant, des tortures, des raffinements de cruauté comparables à ceux qui sont employés par les polices et les gouvernements de fascisme et de terreur blanche...

Pour qui mène une enquête sérieuse et positive, cette accumulation se réduit à vue d'œil. Il y a eu des victimes puisqu'il y a eu guerre civile. Il y a eu des emprisonnements et il y a eu des exécutions, mais tout cela dans des proportions qui n'ont rien à voir avec les mélodramatiques exposés de la propagande réactionnaire.

Par exemple, en ce qui concerne les villages détruits par l'artillerie et dont on donnait les noms, j'ai pu aller les voir, et constater que l'artillerie n'avait jamais été employée.

On a affirmé que tout le pays avait été réduit, après l'insurrection, à un effroyable état de siège, que la vie de chacun y était en danger, qu'il était impossible d'y circuler sans risquer l'agression, l'emprisonnement et la mort. Or, j'ai causé avec de nombreuses personnes qui s'étaient rendues en Géorgie aussitôt après le soulèvement et qui ont, toutes, démenti catégoriquement ce roman policier ; à ce moment-là on circulait en toute sécurité et en toute liberté dans n'importe quelle région de la Géorgie. Dans leur important rapport écrit en 1924, les travaillistes anglais font la même constatation.

On signalait des victimes marquantes révolutionnaires, entre autres le prince Tchavtschavadzé, esprit cultivé et homme de lettres, qui, même, à un moment donné, fit figure de poète libéral, et qu'on a accusé les bolchéviks d'avoir assassiné. J'ai étudié spécialement ce cas qui date de 1907. Le prince Tchavtschavadzé, quoi que ayant en effet affiché dans certaines circonstances, quelques idées démocratiques, n'en était pas moins un grand propriétaire extrêmement dur avec ses serviteurs et ses subordonnés, et au moment de la révolution, ce sont ses propres paysans, et nullement des agents politiques, ou des gens soudoyés par eux, qui l'ont mis à mort. Voilà un emple, je ne dirai pas entre mille, mais tout au moins entre cent. Et dans bien d'autres circonstances, enquêtant sur des cas spéciaux, je me suis rendu compte que la réalité avait été déformée à dessein et qu'on se trouvait généralement, lorsqu'il y avait eu exécution ou meurtre, en présence de cas purs et simples de banditisme de droit commun.

Les tortures. J'ai vu une très grande quantité de prisonniers, détenus ou condamnés pour agitation et complot nationalistes. Beaucoup étaient menchéviks. Les uns étaient ralliés au bolchévisme (je reparlerai de cette catégorie). Mais beaucoup ne l'étaient pas : ils proclamaient nettement leur fanatisme patriotique et leur haine des Soviets. Or, même parmi ceux-là qui ne désarmaient nullement, quoique réduits à l'impuissance, et ne se gênaient pas pour vitupérer violemment le pouvoir soviétique, je n'ai jamais recueilli d'accusations de mauvais traitements, de tortures, ou de privations. Ces ennemis, du reste assez crânes, du régime, que j'ai vus à Moscou ou à Tiflis, et qui n'apportaient aucune « prudence » dans leurs récriminations, reconnaissaient qu'ils étaient convenablement traités, et qu'ils n'avaient pas entendu parler de sévices spéciaux dont leurs camarades auraient été. victimes. Le régime de la prison politique est là-bas à peu près le même que celui qui fonctionne à Paris, sinon qu'entre les murs de la vieille forteresse de Tiflis règne une plus grande liberté qu'à la Santé : Chaque fois que je m'y suis rendu, j'ai été entouré dans la cour de la prison d'une cohue de prisonniers qui m'ont posé des questions et dont chacun s'efforçait de me raconter en détail son cas particulier. Un jour, ils ont même fait une véritable manifestation sous l'œil bénévole des gardiens.

N'allons pas pourtant jusqu'à dire qu'il n'y a jamais eu d'excès dans la répression et dans le traitement des prisonniers. Mais affirmons que ce sont là des cas exceptionnels, imputables à des subordonnés, que les pouvoirs publics ont été les premiers à réprouver en en punissant sévèrement les auteurs, et qu'on n'a pas le droit de proclamer qu'il s'agit de procédés systématiques et d'une méthode courante dictée par les autorités.

Quant aux exécutions politiques, dont le total est loin d'atteindre à beaucoup près les milliers de victimes de la légende anti-soviétique, il est juste de remarquer que dans aucun cas elles n'ont été motivées par un simple délit d'opinion, et qu'elles ont toujours été provoquées par un acte qualifié.

On a fait grand état de l'exécution des otages emprisonnés avant l'insurrection : Djoughéli, Tsckhvichvili, Khomériki. Mais le mot d'otages ne doit pas nous donner le change. Ces prisonniers-là étaient tous des assassins et des bourreaux ayant d'innombrables crimes sur la conscience. Ils avaient institué une organisation terroriste dont de nombreux ouvriers géorgiens avaient été les victimes (par exemple Oiorgadzé) ; ils avaient comploté, avec l'aide de l'étranger, pour le compte des nobles, des curés, des officiers tsaristes (et des menchéviks) ; ils avaient élaboré l'insurrection d'août. Que dire du rôle joué antérieurement par eux ? Djoughéli est le monstre qui extermina un grand nombre de villages dans la province de Bortchalou. De plus, il a rempli de massacres et incendies la ville de Zkhinval et l'Ossétie tout entière, et il a ravagé aussi, atrocement, au service des socialistes gouvernementaux, l'Abkhasie, coupable de vouloir l'autonomie.

Il est faux de dire comme on l'a dit, que les bolchéviks soient revenus sans raisons sur le décret d'amnistie. Ils se sont vus poussés à le faire parce que la guerre de complots et d'attentats continuait dans l'ombre autour d'eux. Dans le livre, déjà cité, de M. Raymond Duguet, il est question, par exemple, du prince Amiradjibi qui « entreprit sans tarder une lutte clandestine de

tous les instants ». « La résistance du Svaneti, dit
le même auteur, galvanisa partout l'énergie
géorgienne, si bien que le gouvernement bolchévik fit procéder à des arrestations en masse ».
En vérité, devant cette reprise nette d'hostilité
qu'avoue l'avocat des nationalistes, le gouvernement bolchévik pouvait-il fermer les yeux ? Le
prince Tcholokachvili fait une guerre de partisans et d'expéditions meurtrières dans les montagnes ; son exemple est suivi. La conspiration
anti-soviétique est organisée clandestinement.
Le Comité de la Délivrance de la Géorgie en est
l'âme à Tiflis. Il y a aussi un Comité qui travaille
pour tout le Caucase, et des organisations simi-
laires dans le Turkestan et dans l'Ukraine (là,
œuvre Levitzi, que Jordania appelle le remplaçant
de Petlioura) (1).

(1) Dans l'U. R. S. S., les vingt prisonniers blancs qui furent
exécutés après l'assassinat de Voïkov, après la bombe de Léningrad, après la découverte du complot ayant pour but d'assas-
siner plusieurs membres du gouvernement, ne l'ont pas été
dans les conditions qu'on s'est plu dans la presse anti-soviétique, à raconter. Un certain M. Douillet, qui fut fonctionnaire belge dans la Russie tsariste, et, par la suite, un des
chefs de la mission Nansen dans l'U. R. S. S., et qui a
profité des facilités que lui donnait cette mission et de l'autorité morale de Nansen, pour aller faire en Russie soviétique
de l'espionnage en règle, se glisser dans les antichambres et
les couloirs pour écouter aux portes — du moins c'est lui
qui le raconte dans un livre — prétend qu'on « a fusillé
vingt innocents ». Cela donne la mesure de la valeur, non
seulement des assertions amassées par M. Douillet, mais de
toutes celles que dans le même genre, accrédite la grande
presse. Les vingt prisonniers qui ont été exécutés — par une
décision légale — Dolgoroukov, Elvengren, Malevski, et dix-sept
autres, étaient des agents militants et des terroristes avérés

Ces éléments constants de trouble obligent le gouvernement à exercer une surveillance exempte de défaillances, et à contrôler soigneusement les menées subversives de ses ennemis infiltrés de l'extérieur. Mais dire que la Géorgie est depuis 1921 sous un régime abominable de terreur, que les non communistes y sont persécutés, traqués et assassinés dans la rue, que les ouvriers sont contraints par la menace et la violence de faire des professions de foi bolchévistes, c'est outrageusement travestir la vérité. C'est ce qu'affirment pourtant publiquement les menchéviks. Dans un appel à la Société des Nations datant de 1922, ils parlent « d'horrible dictature ». Dans le manifeste menchévik géorgien du 20 mai 1927, il est dit que « la Russie déclare hors la loi tous les citoyens non communistes, les arrête et les fusille sans jugement ». Voilà un impudent mensonge, comme le peuvent constater tous ceux qui, sur place, se donnent la peine de regarder. Seuls l'éloignement et les difficultés d'accès de ces régions permettent que de telles calomnies puissent prendre tant soit peu de consistance. Mais ceux qui les mettent en circulation savent bien que selon la prescription profonde de Basile, il reste toujours trace d'une calomnie qui s'est frottée à quelque chose.

qui, de leur propre aveu, avaient trempé dans des complots et dans l'espionnage anglais, s'étaient introduits avec de faux papiers sur le territoire de l'Union pour saper le régime par la violence, et le détruire, et avaient pris part à l'attentat de Léningrad (3o blessés). Dans n'importe quel pays du monde ils auraient été condamnés et exécutés.

Dans la lettre de Ramichvili à Abéssalom, trouvée parmi les papiers d'un émissaire arrêté à la frontière, l'ex-ministre géorgien se plaint du manque de liaison et d'informations précises entre les dirigeants de Paris et de la Géorgie, et sollicite des renseignements, notamment sur « les tortures subies par les prisonniers de la Tchéka ». Il en parle non comme quelqu'un de documenté à ce sujet, mais comme quelqu'un qui voudrait bien l'être. D'ailleurs il pose des questions dont le nombre et la teneur indiquent clairement qu'il se rend compte qu'il a tout à apprendre quant à la situation économique et politique actuelle de la Géorgie. Quelques-unes de ces questions sont d'une monumentale naïveté : « Prend-on aux paysans leurs animaux, leurs instruments ménagers ? » « Qu'est-ce que c'est, là-bas, que les Jeunesses Communistes ? » « Persécute-t-on les prêtres ? Si oui, leurs noms », etc...

En réalité, les méthodes d'ordre de l'État prolétarien sont tout autres.

Dans le local de la Guépéou ou Tchéka, de Tiflis, un homme haut, à large figure et aux yeux bleus, à la blouse de toile et aux bottes caucasiennes, m'a expliqué que c'étaient les méthodes léninistes, celles qu'on emploie fondamentalement pour combattre le parti menchévik, et qui constituent l'essentiel de la tactique de la III⁰ Internationale contre la II⁰. Il s'agit de mener la lutte contre les chefs en éclairant les masses. On considère celles-ci comme ayant été trompées. On leur montre la réalité.

— Si nous observons de très près les koulaks, les commerçants, les intellectuels et les anciens nobles et officiers, c'est-à-dire les milieux où se recrutent les ennemis de l'État, et si nous les réduisons à l'impuissance, jamais nous ne faisons d'exécutions sans jugement, jamais nous n'édictons de châtiments sans arrêt régulier. Toutes les garanties sont laissées à l'accusé, toutes les formes légales sont respectées. »

Il m'explique en détail la procédure. Il ajoute :

— Trois mille exécutés ! Ce chiffre est risible. Si on excepte les bandits (comme ceux, qui, en 1924, ont attaqué un train) et ceux qui, ont été tués directement, les armes à la main, dans la guerre, nous nous trouvons en présence d'une liste de quelques noms.

« Jamais non plus de tortures. Cela serait tout à fait en opposition avec notre esprit socialiste, et non moins brutalement, avec nos méthodes de propagande. Ce serait pour le moins une suprême maladresse. Nous voulons gagner les gens. C'est si vrai, que la Guépéou peut être considérée comme une école de rééducation (1). Si nous sommes fermes avec les éléments bourgeois foncièrement hostiles et irréductibles, nous inquiétons le moins possible les ouvriers et les paysans

---

(1) Cette méthode de rééducation est pratiquée à fond sur une très vaste échelle dans toutes les prisons soviétiques vis-à-vis des prisonniers de droit commun, spécialement des jeunes prisonniers, qui jouissent d'un régime dont la mansuétude et le libéralisme sont presque paradoxaux.

d'opposition et d'autant moins qu'ils sont des travailleurs plus pauvres et plus dénués. S'il nous faut absolument arrêter quelques-uns de ceux-là, nous les libérons au bout d'un mois ou deux. Nous nous attachons pendant ce temps à montrer aux prisonniers la situation véritable, à leur expliquer les choses. Nous en gagnons beaucoup à notre cause (1). Une multitude de travailleurs menchéviks ont du reste spontanément rallié nos rangs. C'est par dizaines de mille qu'ils ont abandonné le parti social-démocrate pour devenir de loyaux citoyens soviétiques (25.000 défections ouvrières dans le parti menchévik géorgien). On ne peut pas raisonnablement prétendre que ce résultat ait pu être amené par la terreur ou la torture. Le Parti Communiste géorgien, très sélectionné et qui pourrait facilement être plus abondant, comprend 29.000 membres dont 65 % géorgiens, 12 % arméniens et 8 % russes. Les Jeunesses Communistes géorgiennes ont 70.000 adhérents dont 62 % géorgiens. Les Pionniers sont au nombre de 75.000.

(1) Il faut noter ce fait caractéristique : la grande popularité de la Guépéou parmi la foule de l'U. R. S. S. Dans les défilés de la Place Rouge, les soldats de la Guépéou sont acclamés à l'égal des marins, ou des cavaliers de Budionny. L'ouvrier soviétique sent profondément les frères de défense dans tous ces soldats qui ont l'œil sur l'étranger carnassier ou sur le traître, et qui marchent sous le drapeau rouge du travail dans le même sens que la multitude. Le 7 novembre 1927, le jour culminant des fêtes du X⁰ anniversaire, on voyait bien que l'armée, qui a ouvert la marche, n'était que l'avant-garde organique du prolétariat libéré, faisant corps avec les millions d'ouvriers, de femmes, de jeunes gens qui ont déferlé à sa suite pendant toute la journée, du matin à la nuit.

« Aujourd'hui, ce qui nous force encore à lutter, ce n'est plus que la perpétuelle conspiration des blancs passés à l'étranger, qui s'appuient sur l'étranger lui-même et ont de ce fait, beaucoup d'argent. L'Angleterre n'agit pas directement (pourtant, dernièrement, nous avons arrêté toute une organisation chargée de saboter l'industrie du pétrole et de mettre le feu aux puits de naphte, et elle comprenait deux Anglais). Les puissances hostiles : l'Angleterre, la France et la Pologne, agissent par l'intermédiaire de Géorgiens.

« Il n'y a pas longtemps, nous avons découvert un complot qui avait eu pour but de tuer Kalinine quand il est venu à Bakou. Le camarade président n'a dû son salut qu'à ce fait qu'au moment choisi il était trop entouré pour que l'assassinat fût matériellement possible.

« On arrête constamment aux frontières, des émissaires à l'état-civil camouflé, qui viennent pour s'attaquer à quelque organisme de la république, et qui ont des papiers et des banknotes fournis par les grands pays qui nous haïssent et nous convoitent. On a mis la main sur deux envoyés de Jordania et de Ramichvili, au moment où ils franchissaient la frontière turque. Ils étaient porteurs de lettres autographes de ces deux dirigeants. Nous avons publié ces lettres — et je vous réponds que nous avons fait là de la bonne propagande ! Ce n'est un secret pour personne, que la Perse, dont les frontières sont contiguës à celles de la Transcaucasie soviétique, et

notamment Téhéran où se trouvent beaucoup
de réfugiés blancs, est un immense foyer d'agitation antibolchévique anglaise. »

Et il me cite bien d'autres faits, et me met
dans les mains des documents originaux ou
photographiés.

Mais je m'arrête sur cette voie de la citation
— même en paquets — de faits particuliers. Ce
n'est pas par des nomenclatures de ce genre, par
des confrontations de listés de noms et de griefs
que se résout la grande question de justice qui
plane ici. Cette procédure l'enchevêtre dans des
détails contradictoires, car chacun apporte sa
liste de martyrs. On compte (comme disait
Louise Michel « du côté de la réaction, on
compte ; du côté du peuple, on ne peut que commencer à compter »), et il n'y a plus qu'une
sorte de fourmillement en deux sens ; il n'y a
plus que des myopes furieux qui piétinent. Car
un cas particulier est toujours important. N'y
aurait-il eu qu'un mort, un mort est toujours
trop lourd, et quel que soit le nombre des victimes, il y en a toujours trop.

« Il y en a toujours trop ! » c'est ce que me
disait d'une voix posée un homme qui était le
bon sens et le calme en personne, un homme
cultivé, à la physionomie intelligente et douce,
dans une salle où nous étions seuls, face à face,
de chaque côté d'une table où il n'y avait que
deux verres de thé et une théière. C'était à Moscou, et cet homme était Menjenski, le successeur

de Dzerjinski, président général de la Guépéou,
ayant rang de Commissaire du Peuple. Mon
interlocuteur, que d'aucuns affublent des ori-
peaux de l'ogre sanguinaire, venait de m'expliquer, comme le chef de la tchéka caucasienne,
combien il est absurde et stupide d'accuser le
pouvoir soviétique d'agir avec cruauté et de pratiquer la torture vis-à-vis d'adversaires politiques
dont la plupart ont un fonds d'idées commun
avec les socialistes du pouvoir.

Tous ces dirigeants, avec lesquels j'ai échangé
tant de paroles et de pensées, ne sont même pas
des violents. Ils sont tout aussi cultivés, sen-
sibles et humains que le plus humaniste des
humanistes d'Occident. Leur idée, c'est d'abolir
la peine de mort. Ils disent qu'ils n'ont aucune
raison de la maintenir dans le régime *intérieur*
de l'Union, désormais pacifiée et ordonnée. Mais
ils sont impérieusement contraints de ne pas la
lâcher par une raison d'ordre *extérieur* et international : les intrigues opiniâtres, acharnées
intarissablement subventionnées, qui de l'étranger, les encerclent, et au moindre arrêt de surveillance, les étrangleraient.

Une autre fois, un camarade particulièrement
qualifié m'a dit le chiffre exact des prisonniers
condamnés à mort et exécutés dans toute l'U. R.
S. S. par l'organisation de défense prolétarienne
qui a commencé à fonctionner en 1918 après l'attentat contre Lénine et à la suite de l'inanité de
certaines mesures de clémence (par exemple, les
généraux Krasnov et Mamontov, capturés puis

généreusement relâchés, et qui, malgré leurs engagements d'honneur, ont repris les armes contre les Soviets).

Ce chiffre, je dois le garder pour moi, parce qu'il m'a été confié sous le sceau du secret. Et pourtant il est bien inférieur à celui qu'on crie sur les toits, et si on en faisait état, on crèverait l'ignominieuse inflation de la calomnie officieuse.

Mais on ne m'a pas autorisé à le divulguer parce que, en effet, comme le disait Menjenski, *c'est toujours trop*, — et qu'il ne faut pas mettre la question sur ce terrain.

Envisageons-la face à face.

D'abord, il est entendu que dans tout grand conflit social comme celui qui ébranle présentement le monde, il y a toujours des victimes, et il y a toujours, de la part de certains agents d'exécution plus ou moins responsables, des abus.

Il est entendu aussi que toute violence inutile est regrettable, que toute cruauté est haïssable, que toute vie humaine est précieuse. Les révolutionnaires qui ont comme but suprême l'amélioration du sort des hommes, sont les derniers à professer le mépris de la vie, à être indifférents aux souffrances des êtres, ou à sous-estimer les valeurs morales, pour m'exprimer dans le langage à la mode.

Mais nous disons que le vrai problème est celui-ci : déterminer la qualité, le bien fondé, *la nécessité*, des causes qui mettent en marche la violence.

On ne peut juger la violence qu'à un seul point de vue : son but final, ou mieux encore : son résultat général.

Puisque ce sont de choses sociales qu'il s'agit ici, la violence se justifie ou se réprouve selon ses conséquences sociales, jamais par elle-même, en principe, comme si c'était une entité. Il n'y a pas de justice — mais il y a des faits justes. Il n'y a pas une justice qu'on puisse conserver dans un temple ou un musée, comme on conserve, aux Arts et Métiers, le mètre-étalon, ce fétiche qui n'a que la valeur d'un mot précis. Il n'y a de justice, comme il n'y a de mesure, qu'accouplée à une chose.

Il est des cas où la violence est ignoble, d'autres où elle est sacrée. Peut-on flétrir du même nom d'assassin le tueur vulgaire et bestial, et le juré qui l'a condamné à mort ? Pourtant l'un et l'autre ont tué. Peut-on désavouer au nom de la morale, ou même au nom de la liberté, les pouvoirs publics qui imposent contre le gré des populations (comme cela s'est produit partout), la vaccination, ou telle mesure de préservation générale, ou l'instruction publique ?

L'assimilation de la « terreur rouge » à la terreur blanche est un abominable calembour, parce qu'elle fait un rapprochement du même genre que ceux que j'ai cité, entre les assassins et les justiciers. Les contraintes, les lois coercitives ou la censure du fascisme valent ce que vaut le fascisme. Celles du régime du travail valent ce que vaut le Travail.

Le gouvernement soviétique fait ce que font tous les gouvernements : il se défend. Et ce que défendent et préservent les gouvernements de nos pays, c'est l'exploitation de l'homme par l'homme, le brigandage international de la colonisation, l'étouffement des peuples par les propriétaires de têtes et de bras, le massacre au service du vol ; dans leurs mains, pour ainsi parler, la conquête est l'oppression. Et ce gouvernement qui se défend là-bas est celui qui, pour la première fois dans l'histoire du monde, a édicté : Tout appartient à tous ; le travail est souverain et doit s'exercer en communauté égalitaire. L'homme ne doit pas être un bétail ou un instrument manipulés par d'autres hommes ; les différences de races ne doivent pas être une barrière à travers la solidarité humaine ; dans ses mains, la conquête est : délivrance.

Et répétons jusqu'à satiété, cette évidence : la violence n'est qu'un moyen, mais pour les révolutionnaires, c'est malheureusement le seul. Peut-on endormir la conscience des peuples en proclamant qu'ils pourront briser leurs chaînes avec de la douceur ? Ou bien en leur faisant croire que, par de petites réformes graduelles et paisibles, on amènera par enchantement la substitution d'un régime logique et humain, au mécanisme dévorateur qui a tout dirigé jusqu'en 1917 — alors que la raison et alors que les faits nous portent le contraire devant les yeux ? Une fois j'ai fait dire à deux personnages dans un livre : « — Il y a ceux qui usent de la violence

et ceux qui usent de la douceur. — Non, il y a
ceux qui ont raison et ceux qui ont tort. »

Donc il faut juger selon les œuvres.

Peu importe ce que dit un gouvernement entre
tous : ils font tous ensemble un éternel concours
d'éloquence. Ce qui compte, c'est ce qu'il fait.
C'est pourquoi il nous reste à traiter le problème
directement : Qu'est-ce que les bolchéviks ont
fait réellement de la Transcaucasie depuis qu'elle
fut rattachée à l'Union Soviétique ?

IV

LES RÉSULTATS ACQUIS

L'ENSEMBLE

La Révolution d'Octobre, qui a percé le front
capitaliste dans le secteur où, selon la parole de
Lénine, il était le plus facile de détruire et le
plus difficile de construire, s'est trouvée après
sa victoire en présence d'un héritage économique
désastreux. La vie du peuple russe était presque
arrêtée par la misère et la mort, sur deux milliards d'hectares d'empire en ruines. La guerre
de 1914 représente pour la Russie un dégât financier de 40 milliards de roubles-or d'après les
évaluations les plus modérées. *Le tiers* de la
main-d'œuvre ouvrière avait été tué à la guerre.
Tous les centres de production étaient saccagés,
les usines détruites, l'appareil industriel dislo-
qué, le gaspillage des valeurs concrètes presque
incalculable. L'industrie était tombée à 17 % de
son chiffre d'avant guerre (pour le coton, 5 %,
la fonte, 2,4 %, le minerai, 1,7 %). Les transports
n'existaient pour ainsi dire plus : ce qui en
fonctionnait encore tant bien que mal, soit envi-

ron la cinquième partie, était tellement désorganisé qu'aucune transaction ne pouvait pratiquement être entreprise. L'inflation du rouble papier atteignait 17 trillons de roubles.

Indépendamment de difficultés extérieures multiples et menaçantes, le peuple qui s'était mis debout devait s'engager à nouveau dans la guerre. Des régions entières lui échappaient parfois et passaient entre les mains des Blancs (comme le Donetz, l'Ukraine, etc...). La guerre civile et ses conséquences matérielles représentent pour la Russie une perte plus considérable encore que celle que lui a causée la guerre de 1914 : les économistes soviétiques l'évaluent à 50 milliards de roubles-or au minimum. Donc, sur le plan financier, la saignée de 1914 à 1921 se chiffre pour la Russie, par environ mille milliards de francs-or.

Non seulement le peuple russe ruiné était réduit à lui-même (n'oublions pas que les Etats-Unis ont prêté à l'Europe près de 90 milliards pour la reconstruction économique, aussitôt après la guerre), mais il devait faire face à une hostilité réellement universelle, à l'extérieur et à l'intérieur, et quel que fût le délabrement économique, la révolution devait ajourner le travail de réédification, pour défendre sa vie, et consacrer toutes ses forces et toutes ses ressources à l'armée et au front de guerre —, et cela devait durer quatre ans.

La Russie nouvelle a présenté, en vérité, l'image d'une communauté primitive obligée d'édifier de toutes pièces contre vents et marées sa destinée collective sur un continent nu.

Mais cette image n'est pas d'une exactitude assez vaste. C'était pire, comme nous disait Akopian à Léninakan, parce que ce continent était non terre vierge, mais terre abîmée par les débris et les maladies d'une anarchie malfaisante ; non pas un désert mais un cimetière. Tout ce que la communauté a fait, elle l'a fait deux fois.

Lorsqu'elle eut définitivement triomphé de tous ses ennemis, lorsqu'au mot d'ordre : « Il ne faut pas mourir », la Révolution a substitué celui-ci : « Il faut vivre », elle a entrepris son innombrable besogne pacifique avec une idée directrice, une vue d'ensemble, dont, quelle que soit l'opinion qu'on professe, on ne peut méconnaître l'ampleur. Il n'est guère possible de contester que jamais dans l'histoire des hommes, un plan si vaste et si calculé d'architecture sociale ne fut mis en chantier.

Le prolétariat — l'armée du travail — qui avait pris le pouvoir, entendait le garder. Il s'agissait donc d'organiser toute la vie publique pour la masse productrice et par elle, et de calquer le règlement social sur les nécessités économiques, de façon à établir l'exploitation du peuple par le peuple en personne, du travail par le travail lui-même. Tout sort de la masse et tout y aboutit, matériellement et idéologiquement. L'État n'est que l'organisation des organisations ouvrières (du moins c'est à cela qu'on tend). Il ne doit plus y avoir de classes. Il n'y a que la communauté des producteurs (qui par leur nombre, forment la grande majorité des hommes), et le premier stade de cette communauté est l'élévation de chaque producteur opprimé au rang de citoyen souverain, effectif.

Cette conception qui tout naturellement, par sa forme rationnelle, est pénétrée de généralisation internationale (j'examinerai séparément à travers l'exemple concret du Caucase, le problème des nationalités), et s'incorpore, de même, toutes les formes les plus hautes et les plus pures de la création humaine, permet une prodigieuse unité d'action. Le bloc ouvrier et paysan étant à la fois l'ouvrier, le patron, le propriétaire, le dictateur et le consommateur, parvient, dans la centralisation, dans la répartition, dans l'adaptation et le rendement de toutes les ressources et de tous les rouages publics (agriculture, industrie, commerce, finances, travaux publics, justice, politique intérieure et extérieure), à un degré de perfectionnement auquel ne peut en principe atteindre aucun Etat capitaliste par suite de la déperdition causée par le prélèvement arbitraire et les remous désordonnés et frauduleux de l'enrichissement individuel. Le peuple total a tous les atouts dans son jeu, n'est-ce pas clair, et ne peut-on pas faire ici, en pleine substance de la réalité, quelque immense pari de Pascal ? Plus d'opposition gaspillante, comme partout ailleurs, entre l'intérêt de l'État et l'intérêt privé, plus de guerres épuisantes entre l'industrie et la force du travail, entre les diverses formes du ca-

pital, ni entre l'agriculture et l'industrie — au
contraire, alliance rigoureuse, réfléchie, entre
tous les monumentaux éléments de base.

C'est seulement dans un pareil cas de mise en
œuvre harmonieuse et complète, d'utilisation
intelligente d'un monde en mouvement, d'ajus-
tement sensé de la force au droit, qu'on peut
employer sans réserves le mot de rationalisation
(en régime capitaliste la rationalisation n'est
qu'un perfectionnement de l'exploitation du pro-
létaire, une opération chirurgicale de transfu-
sion du sang ouvrier dans le capitalisme) —, et
qu'on peut employer le mot de république,
comme aussi les grands mots d'intérêt général
et de paix. Et surtout celui de science. La science
est une des faces de la révolution russe. La révolution russe est une science en action, un système logique qui a pris corps dans la chair des
foules et la réalité des choses. La théorie n'est
ici que le reflet et l'écho de la vie, et la vie que
la confirmation de la théorie. Ces gens ont fait
rentrer la collectivité humaine dans la légalité
scientifique.

Sans doute, un tel plan ne peut s'exécuter que
par étapes. Il n'est qu'ébauché solidement, em-
brayé, lancé. L'ère de destruction, d'honnête, de
féconde, et de parfaite destruction, n'est pas
close. Il s'agit de faire disparaître plus et mieux
les néfastes survivances cramponnées, le sabotage du passé. La fusion de l'administration politique et de la direction économique est un fait
accompli ; mais la première doit s'incorporer

graduellement à la seconde en vue de la suppression finale de l'appareil étatique. Il reste donc a poursuivre logiquement le dynamisme révolutionnaire, et, en attendant, à veiller à des ajustages de fait qui ont une importance considérable dans le cours de l'édification socialiste, notamment en ce qui concerne les rapports immédiats de l'industrie d'État et de l'économie paysanne. Des concessions ont dû être momentanément consenties, par la force des choses, aux persistances du vieux régime : une certaine participation a dû être donnée à la propriété et à l'initiative privée, lorsque l'Union Soviétique s'est mise au travail après la période du communisme de guerre. Tout en gardant en vigueur les plus importants décrets concernant l'industrie, le transport, la nationalisation du sol, et le monopole du commerce extérieur, la nouvelle politique économique a ouvert d'abord devant la population agricole, et ensuite devant certaines classes urbaines, la possibilité de disposer à leur guise des produits de leur travail, c'est-à-dire qu'elle a dégagé en quelque mesure la liberté du commerce intérieur. D'un autre côté, le décret sur les « trusts » concédait à l'industrie une base commerciale et une certaine autonomie — ressort de productivité qu'il était nécessaire de faire jouer dans la paralysie de l'économie ravagée. Enfin, la prolongation de la durée des droits de fermage donnait aux fermiers la possibilité d'apporter des améliorations à leurs parcelles et d'augmenter la production agricole. Ce dernier ensemble de mesures constitue au sein de la société socialiste en formation un appareil parasitaire qui serait grave et même menaçant, s'il était en voie d'accroissement. Mais s'il est réduit au strict minimum inévitable, il doit s'éliminer automatiquement, et n'est plus qu'un accident dans le processus de la collectivité neuve.

Remettre la société à l'endroit, changer radicalement tous les rapports économiques, cela ne peut pas s'effectuer par de la prestidigitation. On brouille le travail lorsque, à la façon de nos sentimentaux et intempestifs intellectuels et moralistes d'Occident, on pose prématurément devant ce travail en cours, tel problème dont la solution dépend d'organisations de soubassement successives, et qu'on reproche aux Soviets de n'être pas le pouvoir magique ayant tout établi à son gré, d'un seul coup. Ce miracle historique aurait peut-être été si le prolétariat international, plus courageux et plus conscient, n'avait pas laissé la Révolution d'Octobre se débattre seule depuis dix ans au milieu de l'univers esclavagiste.

Ce ne fut qu'en 1921 que la révolution stabilisée commença sa besogne organisatrice.

Or, au Xᵉ anniversaire de la Révolution d'Octobre, en 1927, cette grandiose constatation pouvait être faite : en six ans, l'économie de l'U. R. S. S. était réédifiée. Le niveau de la production avait atteint, et, en cette année 1927, dépassé, le niveau d'avant guerre : de près d'un milliard de roubles pour l'agriculture, soit 8 % ; de deux

cent millions de roubles pour l'industrie, soit
12 % ; et présentement, la croissance matérielle
de l'U. R. S. S. se poursuit sur un rythme qui
gagne à la course celui du monde capitaliste. La
monnaie a été stabilisée. Il y a actuellement en
circulation, émis par la Banque d'État, 1 milliard 105 millions de roubles tchervonetz. Le
tchervonetz, établi en 1924, est garanti pour
25 % par un dépôt d'or, le reste par des devises
étrangères et des billets à terme. Le tchervonetz
(10 roubles tchervonetz) contient 7 gr. 742 d'or
fin et vaut 5 dollars 154. Emissions du Commissariat des Finances : 703 millions de roubles, ga-
rantis par l'économie nationale et les richesses
naturelles. J'ai vu de mes yeux le dépôt métallique, à la Banque d'État de Moscou. On a ouvert
devant moi les armoires de fer contenant les
lingots dont j'ai fait peser quelques-uns au hasard, et que j'ai comptés. J'ai pu constater qu'à
ce moment, en novembre 1927, il y avait bien
réellement dans les coffres de l'État 28 millions
et demi de livres sterling d'or, plus 21 millions de roubles de platine (1). On sait que les

(1) J'ai également vu le prodigieux amas des diamants de la
Couronne soi-disant vendus par les bolchéviks. J'ai tenu entre
mes mains le diamant Orlov, qui vaut 5oo millions, et le diamant brut de Perse qui vaut 3oo millions et la grande couronne fermée qui vaut 1 milliard 25o millions. J'ai vu, à
là Banque d'Etat, condensés dans des écrins, des dizaines de
milliards. Par ailleurs, rien ne saurait donner une idée des richesses précieuses accumulées au Musée du Kremlin et à l'Hermitage, dans bien d'autres grands musées soviétiques ou dans
les palais, indépendamment, bien entendu, des œuvres d'art.
Des perles (il y en a des caisses pleines), des féeries intermi-

Soviets, malgré la garantie qui vivifie leur monnaie, ne veulent pas tenter de la faire coter à l'extérieur, pour éviter la spéculation et les à-coups : ils ont même fait supprimer en Allemagne, en Italie, en Turquie et dans les pays baltes, la cote officielle que ces nations avaient adoptée, en déclarant ne plus reconnaître la valeur du tchervonetz à l'étranger. Ils préfèrent équilibrer et stabiliser d'abord, avec leur monnaie, le marché intérieur, pour procéder avec ordre, comme me le disait le Directeur de la Banque, et ils payent en dehors de leurs frontières avec des devises étrangères, dollars ou marks.

Le gouvernement soviétique a eu à diverses reprises recours à des emprunts nationaux. Inutile de spécifier que ces emprunts, que le prolétariat se fait à lui-même, sont un va-et-vient financier qui n'a pas le côté artificiel et finalement contre-populaire des opérations du même nom émises dans les pays capitalistes. Sur les 15 emprunts effectués par le gouvernement de l'U. R. S. S., trois sont actuellement remboursés. Le reste représente une dette d'État d'environ 1.500 millions de roubles dont une petite partie seulement est amortie. A constater que ce total, directement affecté en son entier au relèvement économique de l'U. R. S. S., n'atteint pas — même en y ajoutant les 188 millions de roubles des caisses d'épargne — le chiffre du dernier em-

nables d'armes d'or et d'argent, des services en or massif qui pèsent des tonnes. Rien qu'à l'Hermitage, 2.500 tabatières et boîtes enrichies de diamants.

prunt français, contracté pour rembourser la Banque de France, et dont la plupart des titres ont été pris en mains par des banques américaines : c'est à la haute Banque que le contribuable français va avoir à payer de ce fait, une redevance annuelle d'un milliard, après lui en avoir donné vingt. N'oublions pas qu'en trois années le gouvernement soviétique a consacré plus de 30 milliards de francs à l'achat de machines agricoles, et 8 milliards 385 millions de francs pour loger à neuf 258.000 familles (soit un million de personnes), que les lignes de chemin de fer qui s'étendaient en 1913, pour le territoire actuel, sur 58.500 kilomètres, atteignaient en 1926, 74.600 kilomètres ; en 1927, 77.200. Le budget de 1929, qui s'élève à 100 milliards de francs, porte comme dépenses (en francs) : besoins « culturels » et sociaux, 21 milliards ; industrie, plus de 12 milliards ; guerre, près de 11 milliards ; agriculture, 5 milliards 300 millions.

L'U. R. S. S., dont la vitalité organique est formidable (la population, qui est de 149 millions d'habitants, augmente de trois millions chaque année) (1), a donné à la femme dans la vie économique et sociale, une situation de principe égale à celle de l'homme. L'U. R. S. S. s'est occupée, sur une immense échelle, du sort de la mère, de l'enfance, de l'adolescence et de

---

(1) De 1913 à 1926, la population de l'Europe (non compris l'U. R. S. S.) est tombée de 6 o/o. Dans le même laps de temps, celle de l'U. R. S. S. a augmenté de 7 %.

la jeunesse. Elle a assuré à l'ouvrier une existence matérielle meilleure que celle de l'ouvrier du vieux régime : Il résulte d'un calcul positif tenant compte des fluctuations de la monnaie, de son pouvoir d'achat et de toutes les obligations de la vie privée, que le salaire moyen d'un ouvrier de Moscou, qui était en 1913, de 28 roubles, est actuellement (janvier 1928), de 39 roubles, plus du tier en plus. Pour toute l'U. R. S. S. l'augmentation moyenne sur le salaire d'avant-guerre, se chiffre par 16,9 %. La loi de 7 heures est partout en voie d'application, principalement dans l'industrie textile où le cinquième des journées ouvrières est à présent de 7 heures. Appuyée sur une rationalisation par équipes et l'emploi continu des machines, cette diminution de la journée de travail augmente la production. Sa généralisation aura pour résultat d'ensemble d'assurer du travail à 500.000 chômeurs. 35 % des paysans sont exonérés d'impôts. Les 23 syndicats soviétiques englobent 9.278.000 travailleurs. L'Internationale Syndicale Rouge a 16 millions de membres (celle d'Amsterdam 13 millions). La coopération et

(1) En novembre 1927, le budget d'une famille ouvrière de trois personnes à Moscou représentait en moyenne 141 roubles tchervonetz 36 par mois ; d'un ouvrier seul, 49 roubles tchervonetz o5, pour un salaire moyen, en roubles tchervonetz, de 91,77. Si l'on compare le salaire réel (c'est-à-dire si l'on fait entrer en ligne toutes les dépenses : le coût de la vie, alimentation, habillement, logement, les assurances sociales, etc., et la quote part d'impôt), d'un ouvrier de Londres et d'un ouvrier de Moscou, le salaire de l'ouvrier russe n'est encore que de 52 ou de 53 % de celui de l'ouvrier anglais.

l'épargne progressent de mois en mois. (Sur le territoire actuel, 500 caisses d'épargne de plus en 1925 qu'en 1914 ; de 26 à 27, le dépôt a doublé : 2 millions de déposants).

Déjà sur le territoire de l'Union, nécropole de l'empire des tsars, s'élèvent par places, depuis que le pouvoir a passé des mains d'une minorité dans celles de la majorité de la population, d'énormes bâtiments publics. J'ai contemplé à Kharkov, en Ukraine, aux trois quarts achevée et hérissée de charpentes, sur sa zone immense de poussière blanche, de pierres taillées et de tronçons de fer, la vertigineuse architecture de la Maison des Trusts. La construction splendide, commencée en 1926, s'achèvera en 1928. C'est comme une montagne organisée : 340.000 mètres cubes de bâtisse couvrant 65.000 mètres carrés. 350 mètres de façade, 75 mètres de hauteur (10 mètres de plus que les tours Notre-Dame). Ce n'est encore là qu'un morceau d'une réalisation de pierre qui couvrira 600 hectares.

Sur le majestueux résultat économique et concret, s'est greffé un développement « culturel » étendu. Instruction générale : En 1925, 2.250.000 élèves de plus qu'en 1913 dans les écoles primaires ; pour les écoles professionnelles, deux fois plus d'élèves (529.000 contre 267.000). 50.893 établissements pour donner une instruction élémentaire à la population adulte analphabétique (1.640.000 hommes et femmes y apprennent à lire chaque année). Clubs ouvriers, 6.015. Facultés ouvrières, 109 en 1926, avec 45.702

élèves. Enseignement supérieur : 91 établissements en 1913, 134 en 1925. Les instituts scientifiques ont décuplé depuis le tsarisme. En 1913, on dépensait 2 roubles 18, par tête pour l'instruction ; en 1926, 4 roubles 79. La multiplication « nationale » de l'enseignement ? : Il y a dans l'U. R. S. S. des écoles en 62 langues différentes. Développement intense de l'instruction technique, de l'éducation politique, protection et organisation méthodiques des Sciences, du Théâtre, de la Littérature et de l'Art. (En 1913, les journaux russes distribués dans l'Empire représentaient 3.500.000 exemplaires. En 1927, les journaux soviétiques en représentent 8 millions.)

Les communistes attachent une immense valeur organique à l'éducation. Élever le niveau des masses, doter le travailleur d'un esprit plein et clair, lui apprendre à raisonner loyalement et volontairement, lui montrer ses fins et son rôle, cela fait partie intime et palpitante de leur tâche d'édification, et ils y consacrent des efforts et des dépenses considérables. Leur principe, c'est que quand on voit juste, on agit droit — la netteté va des yeux aux mains —, et la propagande consiste à apporter de la lumière : c'est tout bénéfice pour la cause de logique et de vie (1).

(1) M. Jean Guiraud, de *La Croix*, distingué polémiste catholique, disait dernièrement à ses lecteurs et à ses ouailles, dans son journal de l'autre monde : « Ce qu'il faut, c'est donner à nos troupes ce qui fait la force des communistes : une doctrine intransigeante, ne sacrifiant rien aux réalisations politiciennes, et visant à former les intelligences et les caractères ». Oui,

Quant à l'encouragement à l'art, je le mentionne, et n'entreprendrai pas de citer les faits, les exemples, les institutions : il est impossible dans un tableau si condensé de donner une idée de l'impulsion positive fournie à toutes les branches de l'art par un pouvoir qui pousse la sollicitude jusqu'à faire effacer et refaire dans une église du Kremlin des restaurations faites sans goût sous le tsarisme, et qui bien qu'il sache le prix de l'argent, accorde au Grand Théâtre de Moscou 3.250.000 roubles pour construire une scène tournante.

Le revenu national de l'U. R. S. S. était en 1925 de 15.589 millions de roubles, en 1927, de 22.560 millions. Ce revenu national se caractérise par l'état stationnaire des revenus des éléments bourgeois, par conséquent leur diminution en comparaison de ceux des salaires et du secteur socialiste de l'économie.

Sans doute, étant donnée la richesse des ressources naturelles du territoire de l'Union et son étendue, les résultats acquis sont encore faibles, et la comparaison avec la situation des grandes nations d'Europe, et *a fortiori* d'Amérique, est encore bien désavantageuse pour la République.

c'est le vrai moyen, mais par cela même, il est exclusif, et on ne peut pas l'adapter à plusieurs fins. Parmi tous ceux qui veulent l'employer, il sert les uns et dessert les autres, et les champions des superstitions religieuses feraient sagement de chercher à leur usage des procédés plus compliqués que celui du bon sens. Que ceux-là s'en servent qui ont fait basculer l'absurdité de la destinée humaine, et donné à la justice de la chair et du sang.

Pour la quantité d'énergie vivante utilisée (humaine et animale) l'U. R. S. S. occupe la première place en Europe. Pour la quantité d'énergie mécanique, elle vient après les État-Unis, le Canada, l'Angleterre, l'Allemagne et la France.

La participation de l'Union Soviétique dans la production mondiale est, pour le charbon, de 2,2 % ; pour le pétrole, 5,8 ; pour l'acier, 3,3 ; pour le coton, 7,1 (1). Sa participation dans le commerce mondial n'est que de 1,20 %. Si certaines exportations , comme le pétrole et le duvet, ont augmenté depuis 1913, d'autres (les produits agricoles surtout) n'atteignent pas le niveau d'antan.

Lors de l'établissement de la N. E. P., l'inexpérience du pouvoir soviétique ne sut pas éviter une première vague de spéculation et d'abus, qui remplit d'espérance le cœur des capitalistes étrangers : la Russie nouvelle rentrait dans l'ordre ! Mais les dirigeants soviétiques dominèrent bientôt la situation. Voici la courbe de la production de l'industrie d'Etat pendant les trois premières années de la N. E. P. : 1921, 850 millions de roubles (d'avant guerre) ; 1922, 1.239 millions ; 1923, 1.621 millions.

Pour la production industrielle, le « secteur socialiste » entre pour 77,1 % (industrie d'État) et 8,8 % (coopératives) ; le secteur privé représente donc 14,1 %. Pour l'agriculture, secteur socialiste

(1) Par contre le platine russe représente 95 o/o de la production mondiale, le manganèse géorgien 50 o/o.

2,7 %, secteur privé, 97,3 %. Pour le commerce, secteur socialiste 81,9 %, secteur capitaliste, 18, 1 %. La progression constante dans tous les compartiments du secteur collectiviste.

Il y a encore à faire pour l'élimination du commerce privé, en gros (des concessions particulières importantes existent comme celles du manganèse de Géorgie (1) et de l'or de l'Oural), ou en détail : les petits commerçants — et l'on ne peut pas prévoir jusqu'à nouvel ordre, bien que la courbe s'infléchisse, la liquidation de la N. E. P. Par contre, le paysan riche, le koulak, est de plus en plus contraint à demeurer dans sa fortune acquise. Une nouvelle loi agraire, en discussion, marque une offensive plus accentuée contre le koulak au profit du biednak (paysan pauvre).

Sous le tsarisme, l'exploitation agricole se présentait sous trois formes : celle des grands propriétaires fonciers, celle des koulaks ou paysans riches, celle des paysans pauvres et moyens. Pour donner une idée de leur volume respectif, notons que dans la production totale du blé russe 5 milliards de pouds), la première catégorie entrait pour 600 millions de pouds, la seconde pour 1 milliard 900 millions, la troisième pour 2 milliards et demi. Actuellement, pour une production totale sensiblement égale, les champs des paysans pauvres et moyens entrent pour 4 milliards 052 millions de pouds, ceux des

____

(1) Cette grosse concession vient d'être supprimée.

koulaks pour 617 millions. Restent 80 millions de pouds qui sont fournis : 1° par les exploitations directes de l'État (50 millions) et, 2° par les « collectivités rurales » (30 millions). Ces collectivités rurales ont pour base l'exploitation privée et pour forme la coopération. Ce sont des coopératives de production extrêmement accentuées en liaison étroite avec les coopératives de consommation et de vente et les organismes commerciaux, culturels et techniques de l'État.

Dans ce problème agraire dont il n'est pas besoin de souligner la colossale portée pour la vie organique, sociale et politique de l'Union Soviétique, l'objectif du pouvoir est de faire entrer la production paysanne non nationalisée dans l'organisation socialiste, seule susceptible par sa centralisation, ses grands moyens et l'outillage perfectionné dont elle disposerait, d'augmenter le rendement de l'économie rurale, dont le développement actuel par suite du morcellement des parcelles et du système d'exploitation individuelle, est trop lent, en présence du rythme de l'augmentation des besoins intérieurs et extérieurs (1).

Il s'agit donc de renverser la proportion des trois catégories de producteurs agricoles et d'avantager la première (agriculture d'État) en y

____

(1) Il y a eu une crise de blé au début de 1928, provoquée par l'insuffisance des réserves, et pourtant celles-ci étaient, le 1er avril, de 549 millions de pouds, c'est-à-dire 100 millions de plus que l'année dernière où il n'y a pas eu de crise, et 200 millions de plus qu'en 1926.

incorporant graduellement la troisième (paysan pauvres et moyens) et en rognant de plus en plus la part de la seconde (koulaks). Un vaste projet de mise en œuvre d'agriculture d'État est en train : il s'agit d'une immense exploitation de 4 millions de déciatines, nécessitant 10.000 tracteurs, 20.000 charrues, 40.000 camions, etc...

Mais en attendant la nationalisation, le pouvoir soviétique s'atache en ce moment à intensifier sur une très grande échelle le ressort des collectivités rurales. On a assisté ces derniers temps au succès pratique de ces organisations, qui permettent grâce à leur forme coopérative et même collectiviste, la culture en grand, l'emploi des procédés modernes, des machines, etc... et aboutissent à un rendement supérieur à celui de la petite exploitation fragmentaire (en Ukraine, de 90 à 117 pouds de blé à la déciatine, au lieu de 25 à 90 dans les exploitations privées : dans certains cas, qui ont été mis en lumière au Congrès récent des collectivités rurales, 150 à 200). Pour le commerce extérieur des céréales, la petite exploitation qui se suffit à peu près à elle-même, est d'un rapport presque nul. Le paysan, d'abord sceptique, s'est rendu à l'évidence : il a vu les résultats, d'où la faveur grandissante des exploitations collectives auxquelles le XVe Congrès du Parti a résolu d'imprimer une impulsion considérable. Le gouvernement leur a donné cette année une subvention double de celle de l'année dernière : 60 millions de roubles (près de 800 millions de francs). Elles constituent dans la vie économique de l'Union un ensemble de cellules dont le réseau couvre tout le territoire d'un dessin architectural symétrique à celui des soviets et de tous les organes vitaux de l'organisme soviétique — qui relient la masse au centre.

Ne nous y trompons pas : ces réalisations économiques, telles qu'elles sont, ont une importance dont on ne saurait exagérer le caractère sensationnel. Rykov, président des Commissaires du Peuple, était fondé à dire dernièrement dans des circonstances solennelles : « Jamais peuple ne connut un relèvement aussi impétueux ». Mais les réalisations soviétiques ont une plus vaste signification encore : Elles prouvent par le fait, à la face du monde, le bien fondé pratique d'un système, la réussite définitive d'une expérience qui s'est accomplie en six ans en partant de zéro — plus bas, même — et dans des conditions extraordinairement difficiles : l'hostilité générale, la ruine, le dépeuplement, les destructions, l'état arriéré de la technique, et le niveau « culturel » extrêmement bas des travailleurs. De plus, dans le détail, elle n'a pas toujours été exempte d'erreurs ni de fautes.

Et désormais, la vie humaine collective a pris sur le damier du globe la forme distincte d'une dualité, d'un duel : Deux poussées antagonistes, parallèles ou, plutôt, liées entre elles, liées l'une contre l'autre, dans leur destinée future : le capitalisme d'État et le socialisme d'État. La société faite par le haut, la société faite par la multitude.

Le plus modeste prophète peut maintenant annoncer que c'est là le déclanchement d'une lutte à mort, et qu'à côté de cette mêlée palpable, les grandes formules à la mode : Orient contre Occident, Blancs contre Jaunes, ne sont que du théâtre. Toute grande lutte ne sera que le revêtement de celle-là. C'est le contenu des spacieuses crises futures.

Il reste, pour terminer ce tableau général, à faire une constatation d'une grande portée : les statistiques des réalisations soviétiques sont en progression accélérée (1), et surtout, en progression régulière. L'économie de l'Union se développe sans crise, normalement, à la différence de ce qui se passe dans les états capitalistes, riches de leur gigantesque acquis, mais soumis par suite des réactions intérieures et extérieures à de perpétuels hauts et bas, et dont les diagrammes accusent des arrêts, des rétrogradations, et des brisures constantes. Les statisticiens ont constaté, par exemple, que les progressions économiques intermittentes de l'Allemagne, de l'Italie et de la France, s'effectuent toujours au détriment l'une de l'autre : quand l'une augmente, l'autre diminue.

Et le grand problème psychologico-économi-

---

(1) C'est ainsi que le chiffre du commerce extérieur prend une valeur dynamique nouvelle si on considère que dans l'espace de six ans, il a triplé. Le berger de Léninakan me le disait bien à propos des moutons : Il ne faut pas enregistrer les chiffres nouveaux comme s'élevant sur des bases établies avant la guerre, mais comme constituant des créations effectuées à peu près de fond en comble dans les dernières années.

que cher à nos raisonneurs d'occident ? On dit : si on retire aux hommes l'appât personnel de l'enrichissement, c'est-à-dire de la propriété privée, on va faire tomber l'effort et diminuer le rendement du travail. En réalité, comme il advient souvent pour les préceptes de la sagesse des nations, c'est le contraire qu'il faut proclamer. Un travailleur, — ouvrier ou employé — ne peut être animé et lancé mécaniquement dans sa tâche, que par deux forces motrices : soit l'intérêt personnel, soit l'intérêt public. En régime capitaliste, ces deux mobiles sont disjoints, et seul le premier entre en action. Or, il incite en définitive le travailleur à se désintéresser du but effectif, social, de son travail, à se dérober comme il peut aux exigences de son contrat de louage, à ne ménager que son profit et ses satisfactions personnelles. Le mot d'ordre est : « en faire le moins possible ». Le trichage et le sabotage maxima deviennent la loi et on peut même dire : le devoir — puisque ce sont là les conséquences pratiques et justifiées de l'état de guerre des classes. Dans les pays capitalistes, les ouvriers et les employés sont, en effet, en lutte contre le patron et contre l'administration — les uns inconsciemment, les autres consciemment. Le bon résultat du travail leur est le plus souvent indifférent, et parfois même, haïssable.

Dans l'état socialiste, entre en ligne, tout naturellement, un élément nouveau : cette notion, qui devient idée fixe, qui devient même sentiment), que l'intérêt de chacun est lié à l'intérêt collectif, et par conséquent lié à la *réussite* de l'entreprise dont chacun est un rouage, et à celle de l'ensemble des entreprises de l'Etat organisé du travail, et, au bout, au triomphe d'une cause. Cette mentalité nouvelle se traduit aux yeux dans l'U. R. S. S. par un entrain, une énergie, une fierté, une joie, dont aucune autre foule laborieuse au monde ne donne le spectacle. Quand Gorki est revenu en Russie en 1928, c'est cette ardeur lumineuse qui le frappa par-dessus tout et le bouleversa. Il m'a dit (et il a dit à bien d'autres qu'à moi) l'impression primordiale qu'il a ressentie et lui a apporté une véritable commotion : « Je n'ai plus reconnu le peuple que j'avais décrit. Cela tient du miracle. Une atmosphère de création acharnée et sainte ; l'énergie révolutionnaire, la force, la jeunesse — la jeunesse surtout. Tout est rajeuni et moi aussi : je n'ai jamais été aussi jeune et aussi heureux. »

Sans doute, il serait excessif de prétendre qu'un tel état d'esprit est celui de tous les travailleurs de l'Union sans exception (nous sommes dans un monde en formation et il faut veiller à son évolution). Mais il n'est pas permis de contester que c'est celui de la grande majorité des ouvriers, sous l'impulsion de cellules organiques grossissantes (un extraordinaire réseau de foyers actifs et de groupements divers unis d'un seul bloc par des lignes de liaison et des courroies de transmission sur tout le territoire), et sous l'immense poussée de chair de la Jeunesse Communiste. Cette mentalité a créé et répandu le respect et le culte du travail, empreint les mœurs d'une dignité et d'une sérénité qu'on chercherait en vain ailleurs que là, et établi des rapports égalitaires aimables et nobles entre celui qui obéit et celui qui commande.

J'invoque encore le grand regard de Gorki revenant en U. R. S. S. après plusieurs années d'absence : « Il n'est pas de petites affaires ; il n'en est qu'une grande à laquelle chacun participe. Chaque petit homme fait ici une grande œuvre. » A Zaporogia, il compare la masse des têtes qu'il a devant lui à une tête gigantesque. De plus, à l'encontre du sophisme des conservateurs sociaux touchant l'automatisme socialiste, il note l'exaltation de la personnalité, l'accentuation de l'individualité en régime soviétique.

LA GÉORGIE

Les républiques caucasiennes rattachées à l'Union Soviétique et qui s'étendent au sud de la chaîne du Caucase (Transcaucasie), sont tout d'abord rattachées ensemble, et forment la Fédération Caucasienne. Trois grands cercles s'accoudent au sud du Caucase : à l'est, le cercle de l'Azerbaidjan avec le port de Bakou sur la mer Caspienne. Au milieu, le cercle de l'Arménie avec Erivan comme centre, au nord et à l'ouest, la Géorgie qui diverge de Tiflis. Un autre cercle de moindre dimension est constitué par l'Adjaristan (137.000 habitants) dont le centre de vie est Batoum, au bord de la mer Noire. D'autres cercles plus petits gravitent autour de ceux-là comme des satellites : les petites républiques, les régions autonomes : Abkhasie (80.000 habitants), Sud Ossétie (75.000 habitants), Karabagh, Nakhitchévan, etc...

Dans la Transcaucasie, le travail de reconstruc-

tion économique a commencé vers 1921. Il a
été mené sur les principes résumés ci-dessus. La
Transcaucasie présente donc un raccourci caractéristique des réalisations soviétiques au moment
actuel.

La terre.

La terre d'abord. « Nous ne sommes pas hyp-
notisés sur cet objectif : Dépasser les chiffres du
tsarisme », m'a dit un des hommes de là-bas, et
il a ajouté magnifiquement : « Nous avons seulement voulu trouver dans la nature même une
assise pour l'Etat Ouvrier et Paysan ». L'agriculture. Les terres cultivables de la Transcaucasie
font 6.876.800 déciatines pour 4.409.600 paysans environ. Approchons du cercle de la Géorgie, il prend vie, la carte devient un organisme.
Le tsarisme avait dessiné là-dedans de grandes
découpures. Les églises, les monastères, les apa-
nages, et 12.580 grands propriétaires, se partageaient les neuf dixièmes des terres (chaque
famille noble possédait en moyenne 152 déciatines). Dans la suite, une partie (le quart environ)
du domaine agricole ainsi accaparé fut vendu aux
paysans contre payements annuels, ou loué à
long terme. Le fermage s'élevait au quart ou à
la moitié de la récolte. La réforme de Stolypine

ne changea presque rien à la situation du paysan, serf en fait. En 1917, les paysans s'emparent des terres. Le gouvernement-menchévik a sans cesse ajourné la solution de la question agraire — d'où troubles constants dans les campagnes, et répressions sanglantes pour rétablir la paix. En 1920, Jordania a confessé devant la Constituante la faillite totale du régime agraire : « Neuf petits paysans sur dix sont obligés, dit-il, de cultiver les champs des autres ou de chercher une autre occupation. »

En avril 1921, aussitôt après la victoire, le gouvernement bolchévik a décrété la suppression de la propriété privée, sol et sous-sol. Seul le travail personnel donnait le droit de disposer d'une parcelle de terre (l'achat, la vente et la location de cette parcelle étant interdits). Le gouvernement a procédé à l'expropriation des terres, bâtiments, de l'outillage et du cheptel, et à la distribution de 255.499 déciatines aux sans terre.

Mais une difficulté, qui semble insurmontable, se présente : la Géorgie est surpeuplée. En 1926, elle comptait 2.136.000 habitants (dont l'augmentation annuelle est de 25.000) et 425.000 fermes ou installations rurales. En 1925, la densité de la population était en Géorgie de 36,8 habitants par kilomètre carré (Adjaristan, 21,7 ; Arménie, 29,4 ; Russie d'Europe, 28). Dès lors, la quantité de terre est insuffisante : 0,8 déciatine de terre féconde par tête, et même, en Géorgie occidentale, 0,44 (dans l'ouiesd de Ratchinsk, 0,23).

Le tsarisme avait traité tsaristement ce grave problème d'une population déjà trop à l'étroit, en installant des colons russes en Géorgie, les indigènes étant parqués n'importe où. Il résultait de ce balayage que dans les régions hautes de la Géorgie, avoir plus de deux enfants était considéré comme un péché, et qu'on exterminait volontiers les nouveau-nés du sexe féminin (et ces lamentables crimes s'accomplissaient il y a peu de temps encore).

L'actuel Code des Terres de Géorgie a élaboré un partage de la glèbe, immédiat et normal. Mais il reste 400.000 personnes à pourvoir. On a édifié un plan méthodique portant sur les cinq années qui viennent, pour augmenter la quantité de terres arables, par le défrichement, les coupes de forêts basses, un meilleur rendement du sol, l'irrigation, l'assainissement, la lutte contre la malaria, et, comme tout se tient, l'aménagement de routes, de transports, d'entreprises industrielles. L'application de ce plan — gros travail et grosses dépenses — fournira 168.000 déciatines de terres cultivables. Mais ces mesures ne sont pas encore suffisantes.

Déjà sous le gouvernement menchévik, on avait eu recours à la « transplantation » des paysans, c'est-à-dire à la répartition plus homogène des habitants sur l'échiquier agraire du pays, le surplus des régions les plus denses étant dirigé et versé dans les districts moins peuplés. Des zones foncées, des zones claires : griser la teinte du tout. Ces exodes utilitaires furent repris avec plus de méthode et de continuité après la soviétisation. Mais comme, malgré cela, il y avait encore par places plus d'hommes que de terre, on a envisagé la transplantation du trop plein de la population rurale de Géorgie au delà des frontières de Géorgie. 15.000 Géorgiens ont fait une pétition dans ce sens, et d'ailleurs cette répartition au long cours n'est que le règlement raisonnable de l'émigration individuelle désordonnée qui s'est toujours poursuivie en ces lieux. Cette émigration rationnelle qui, tenant compte d'une nécessité de fait, ajuste le profit des cultivateurs, et par là, aboutit à l'intérêt de l'Union tout entière, a donné lieu à un plan de campagne très détaillé visant principalement la région de Sotchi au nord du Caucase, et portant sur cinq ans. Son exécution coûtera 9.204.000 roubles fournis par le gouvernement, dont 2.323.000 sans retour, le reste remboursables à long terme. Le surplus de population qui subsistera après cette égalisation élargie des densités, doit être absorbé par le développement intensif de l'agriculture, de l'industrie, des travaux manuels, et, finalement, le reliquat de surcharge vivante sera destiné, dans la deuxième période de cinq ans — 1932-37 — à l'émigration dans d'autres parties besogneuses du continent soviétique.

Le travail technique collectif en Géorgie.

Ce qui pousse vers le collectif la masse paysanne, parquée naguère dans les villages comme dans des camps de concentration, ce n'est pas le désir théorique de construire le socialisme, ni un entraînement passionné vers le communisme (Lénine l'a constaté avec son bon sens tranchant), c'est l'excès même de sa misère et de sa ruine. Le paysan a bien compris que tout seul il ne les surmonterait pas. Il faut un effort concerté, comme il en a fallu un pour vaincre les fléaux en chair et en os. L'action collective est la meilleure solution qui s'impose pour l'œuvre positive. Le faire de mieux en mieux comprendre aux paysans a été la première tâche, d'autant plus qu'à l'époque où la révolution s'est débattue sur le seuil de sa destinée, il a fallu plus d'une fois obtenir de force du paysan — ignorant et trompé — sous forme de réquisitions, sa participation à l'œuvre commune. (Parfois encore dans certaines circonstances, depuis 1921 où la réquisition a été remplacée par l'impôt en nature, des difficultés de cet ordre se présentent localement).

Le gouvernement soviétique a en mains les moyens d'action et de réalisation maxima, mais non des moyens illimités. Il n'est pas dans son pouvoir d'édicter la prospérité des campagnes comme on édicte une fête publique. On a donc procédé, dès 1922, à un « enrôlement » de la population, à la mobilisation du concours de tous, — par le moyen de cellules de collectivités rurales, sortes de coopératives de production dont j'ai déjà parlé. Des collectivités paysannes ont été créées partout en même temps dans l'Union. C'est un premier modelage de l'entreprise d'entre-aide effective, d'agrandissement du travail par la mise en commun de l'effort, et une étape vers la socialisation. Ces organisations-là, toutes neuves dans le territoire de l'Union et surtout en Géorgie, sont des groupements d'exploitation auxquels participent les éléments les plus compétents, les plus intelligents, les plus actifs des campagnes, et qui ont avant tout une tâche technique et éducatrice. En 1926, il y en avait déjà 46 en Géorgie. Aujourd'hui on peut difficilement dénombrer tous ces corps collectifs qui propagent l'idée du collectivisme en prouvant par le fait que l'organisation d'ensemble vers laquelle le paysan tend d'instinct, est économiquement la plus avantageuse. Rien n'est plus éloquent pour le paysan que cette constatation, que je prends entre autres comme exemple, et qu'il peut voir de ses propres yeux : le labourage et l'ensemencement d'une pièce de terre prend deux fois moins de temps dans les exploitations collectives et les exploitations d'État que dans celles qui sont régies par l'économie individuelle (même les grands domaines des koulaks). Le rendement est beaucoup plus élevé dans les exploitations collectives que dans les mêmes économies individuelles : on peut dire qu'il est du double. Le développement de ce réseau de collectivités s'appuie sur des mesures gouvernementales et une adaptation étroite à l'organisation coopérative de vente et de consommation. Son travail est donc à la fois culturel, technique, et militant, si l'on peut dire : leçons d'idées et leçons de choses. Ses initiatives consistent à organiser dans un ensemble rural donné, la besogne propre de chacun, la répartition rationnelle des cultures selon les terres, le perfectionnement des procédés et conditions d'attaque du sol, la diffusion de notions agronomiques élémentaires parmi la population, la création de « parcelles modèles », principalement pour la culture dite technique (celle sur laquelle se greffe une industrie), l'élevage du bétail et des animaux domestiques, la lutte contre les insectes et les animaux nuisibles et contre les maladies des bêtes et des plantes, l'outillage agricole mécanique.

L'Outillage Agricole en Géorgie.

Durant la guerre, il s'usa, se détruisit, se perdit, et on ne pouvait plus mettre en état ce qui en restait. Le gouvernement soviétique trouva le pays en pleine crise d'instruments aratoires. En 1924, grâce au développement du système coopératif, le progrès était déjà considérable, et à partir de 1925, la fourniture des machines procède d'après un plan coordonné.

Actuellement, la Géorgie possède 25.000 charrues, 3.200 herses, 250 semeuses, 650 faucheuses, et des machines à battre pour une force de 530 chevaux. Les ateliers et le personnel affectés à la réparation de cet outillage laissent toutefois encore beaucoup à désirer.

Avant la guerre, il n'y avait en Géorgie que sept tracteurs — que la guerre annihila. A partir de 1922, l'importation des tracteurs commença, et vers la fin de 1923, il y en avait 42 ; au 1er novembre 1926, 147. Des cours de tracteurs, de cinq mois, furent ouverts en 1924 et 1925.

Le Plan de Cinq Ans a attribué à la mécanisation croissante de l'outillage agricole géorgien une somme de dix millions de roubles (130 millions de francs). Ces dépenses dont une partie sera fournie à long crédit par le gouvernement et l'autre par les budgets locaux, et les entreprises, qui doivent s'aider elles-mêmes, seront affectées aux cours de tracteurs, à la fondation d'une station qui aura pour but l'étude des diverses machines, leur adaptation aux terrains (98.804 roubles, fournis par le budget de l'Etat), à la création de vingt usines pour la réparation des machines (500.000 roubles), à l'entretien d'un personnel supplémentaire de spécialistes et d'instructeurs.

Le Régime des Eaux en Géorgie.

Quand on songe qu'aux xii° et xv° siècles, l'économie des Eaux était en Géorgie dans un état de développement intense ! Elle s'est bien développée à rebours depuis ces époques archaïques, où l'Eau, qui ne pouvait être ni achetée ni vendue, était dispensée et répartie par le pouvoir suprême. Dans la vénérable géographie de Vakhoutchi, on trouve des traces non seulement de tous les canaux existant actuellement en Géorgie, mais de plusieurs autres que le temps — avec la complicité des hommes— effaça, et qu'on travaille à refaire aujourd'hui. Les ouvriers soviétiques qui s'y emploient en déterrent parfois les vestiges émiettés au xvi° siècle par l'invasion perse de Chah Abbas.

Quant au tsarisme, pendant quatre-vingt-dix ans, il réfléchit sur la création d'une loi des Eaux. Cette loi, quand elle sortit enfin, en 1891, déversa des millions de roubles à des fonctionnaires, et s'occupa quasi exclusivement des terres impériales. La grande canalisation de Marienfeld qu'on mit quinze ans à construire, s'effondra presque immédiatement, et l'autre canalisation géorgienne tsariste, celle de Karayaz, fut remise à la Société pour la Propagation du Christianisme au Caucase, laquelle fit venir sur les terres irriguées, des Russes de Russie.

Après la Révolution, la Direction des Eaux menchévik élabora quelques projets dont aucun ne fut réalisé. Ce n'est qu'en 1921, lors de la soviétisation de la Géorgie, que commença une nouvelle étape de construction. En 1921 et 22, furent entrepris 12 canaux irriguant 49.300 déciatines. En 1923, fut fondé le Zakvodkhoz, établissement gérant l'économie des eaux du Caucase, et en 1925, le Grouzvodkhoz, remplissant le même office pour la seule Géorgie. Ces deux établissements entreprirent, en plus de la station hydroélectrique d'Akhalsikh, six canaux, dont celui de la vallée d'Alazane doit irriguer 51.000 déciatines, et celui de Tiriponis-Akki, 30.000 ; en tout, pour les six, 102.000 déciatines revivifiées.

Tous ces projets n'étaient réalisés en 1926-27, que de 30 % pour l'irrigation, et de 70 % pour le terrassement.

Mais il y a en Géorgie 790.000 déciatines à irriguer et (nous l'avons vu) 168.000 à défricher.

Cette colossale besogne regarde le Plan de Cinq Ans. La Commission de Planification a envisagé l'organisation artificielle des bassins de la Koura, de la Krama et de ses principaux affluents; de l'Alazane, de l'Ior.

Les projets confiés par cette Commission aux Directions des Eaux du Caucase et de Géorgie pour la période 1926-31, comportent ces majestueuses têtes de chapitres : défrichement des marais de Poti, sur cent mille déciatines le long de la Mer Noire (les travaux de recherches coûtent à eux seuls 160.000 roubles) ; défrichement des terres d'Abkhasie ; défrichement des marais de l'Adjaristan ; irrigation des terres de Vani-Tabanieri ; canal de Samourzakane ; irrigation de la région de Nagomar ; de la rive gauche de la Koura (1.800.000 roubles environ), de la vallée d'Achourian ; de Digome ; des terres de Soganloug (1 million de roubles), de la steppe de Karayaz (2 millions de roubles) ; de la plaine de Samgor (8 millions de roubles, 100 millions de francs) ; de la steppe d'Eldar ; de la rive droite de l'Alazane (3.475.000 roubles) ; de la région de Chirani (800.000 roubles). Et enfin reconstruction des vieux réseaux et achèvement des travaux en cours.

Le Plan de Cinq Ans.

Ici, j'ouvre une parenthèse à propos de ce Plan de Cinq Ans qu'il m'est arrivé d'invoquer à différentes reprises. Les cinq ans en question sont ceux qui forment la période de 1926-1931. Une importante institution, haut service central de l'U. R. S. S., la Commission d'Economie Nationale, en a déterminé d'avance les données économiques essentielles, pour toute l'Union, depuis

le montant des capitaux à investir, l'ordre et la
progression des travaux à entreprendre, jusqu'à
l'augmentation des salaires, la baisse des prix
de production. Les prévisions du Plan d'Etat (Gosplan) portent aussi sur le rendement politique,
sur le contenu social des futures entreprises du
domaine économique. Le Plan de Cinq Ans est
l'œuvre d'un service hiérarchique et ramifié,
employant des érudits et savants d'envergure, qui
sont aussi des hommes d'une expérience invété-
rée, méticuleusement au courant des besoins et
des ressources du continent soviétique. Je cite
tout au moins le nom de Krijanovski, président
général du Gosplan.

La Commission du Plan a été créée en 1921,
comme suite organisée et généralisée de la Commission d'Etat pour l'Electrification qui, en 1920,
en pleine guerre civile, avait soumis au VIII° Congrès un programme de grands travaux hydroélectriques.

Cette Commission a commencé à jouer un
grand rôle à partir de l'année 1924, lorsque,
après avoir utilisé les chemins de fer et les installations existantes, en les réparant et en les mettant au point, l'U. R. S. S. s'est engagée dans la
voie des grandes installations nouvelles.

Le travail du Gosplan consiste à arrêter pour
chaque année les « chiffres de contrôle » : mouvement de la population, production de l'industrie et de l'agriculture, importations et exportations, revenus, budgets, travaux à entreprendre
pour l'industrie, les transports, les habitations.

Il a pour mission, de plus, d'édifier un plan embrassant l'économie publique tout entière pour
une période de dix-quinze ans, et un plan de perspectives plus concrètes pour cinq ans. La Commission du Plan a ses filiales à tous les paliers
administratifs, c'est-à-dire dans toutes les régions
de l'Union.

Ce Plan de Cinq Ans, examiné par le pouvoir,
reçoit force exécutoire.

Mais ce sont là des hypothèses d'avenir ! dira-
t-on, des prévisions qu'il n'est pas difficile d'ins-
crire sur le papier et dont il est trop commode
d'éblouir l'opinion publique ! — et d'aucuns,
parmi mes compatriotes, se rappelant les prédic-
tions et les promesses qui sortent de la bouche des
potentats et des ministres occidentaux, souriront
peut-être devant ces statistiques futures. Ceux-là
ne voient pas la différence du tout au tout, qu'il
y a entre les belles intentions trop connues de la
démagogie bourgeoise, en présence des électeurs
— ou des élus — et la certitude des calculateurs
socialistes, documentés et sérieux, et qui, de plus,
tiennent en mains un ensemble de commandes
telles qu'aucun chef d'Etat ou de parti politique
n'en possède ailleurs au monde, puisqu'ils sont
en même temps dans l'occurrence, ainsi que
nous le constations, non seulement les législa-
teurs, mais, par suite de la nationalisation de l'industrie, des transports et du sol, et du monopole
du commerce extérieur, les exécuteurs et les propriétaires.

Il ne s'agit plus de spéculations faites, sur les

chiffres et les mots, par des bureaucrates ou des littérateurs. Il s'agit, en réalité, de directives. On ne tâtonne pas vers des possibilités ou des rêves, mais on assigne des buts, on pose du chiffre vrai, de la statistique fatale.

Le Gosplan tient compte des possibilités pratiques. Il tient compte de l'intérêt matériel et moral du travailleur, de l'intérêt général des travailleurs, c'est-à-dire de la Russie nouvelle tout entière. Il tient compte des rapports et des répercussions réciproques de toutes les manifestations de l'expansion économique. Il organise intégralement, — et il a les moyens de le faire, — la division du travail dans toutes les voies de la répartition des efforts et des produits. Il guide et règle en fait, l'économie — et il lui arrive parfois de freiner certains développements trop brusques qu'il juge prématurés.

C'est pourquoi il faut considérer les chiffres du Gosplan plutôt comme des conquêtes que comme des indications, et lorsqu'il nous annonce qu'en 1931 l'industrie soviétique aura augmenté de 8 %, que 7 milliards de roubles auront été investis dans le relèvement économique, que le prix de revient des produits aura baissé de 24 %, que le salaire des ouvriers aura augmenté du même taux, que les stations électriques atteindront 3.500.000 kilowatts de puissance, que le chemin de fer de Sibérie-Turkestan remplira ses 1.400 kilomètres, qu'une usine de Telbes produira 328.000 tonnes de fonte annuellement, qu'une usine de Stalingrad produira annuelle-

ment 10.000 tracteurs, qu'une autre à Moscou,
fournira 10.000 automobiles par an, que le canal
de la Volga au Don sera en voie de réalisation —
pour ne prendre que les données les plus sail-
lantes du Plan de Cinq Ans — il faut nous dire
que ces choses existent déjà virtuellement, et que
seule une catastrophe (comme la guerre) pourrait
empêcher ces matérialisations.

Au reste, il y a déjà plusieurs années que la
Commission du Plan fonctionne, et jusqu'ici, ses
commandements à longue échéance se sont réalisés, et au delà : En 1922-23, pour 109 %. Depuis
1923, sur tous les grands ensembles (production
de l'industrie, du combustible, des transports),
les chiffres du Gosplan ont pris vie dans la proportion moyenne de 105 %. En présence du
mouvement ascensionnel très rapide du processus
économique soviétique, on peut difficilement
s'arrêter aux constatations immédiates, elles sont
trop « provisoires », et on perd vite pied dans
le courant des chiffres. C'est à la lumière des
prévisions efficientes du Gosplan qu'on voit
l'économie des Soviets dans son amplitude et sa
signification.

Ici plus qu'ailleurs, l'avenir c'est le présent en
action.

L'Agriculture en Géorgie.

Dans son ensemble, l'agriculture de la Géorgie a atteint actuellement son rendement d'avant-guerre.

On s'est attaché à mieux ajuster les cultures à la nature du sol, et aussi à remplacer certaines cultures par d'autres plus lucratives pour le paysan et, en même temps, plus avantageuses pour l'ensemble de la collectivité soviétique. C'est ainsi que dans certains districts, on a supprimé ou reculé des routes, une partie des champs de riz qui formaient des marécages hantés par la malaria ; qu'on a utilisé pour planter du thé des terrains qui ne donnaient pour d'autres cultures que de maigres et décevants résultats ; qu'on a remplacé dans telle région haute les champs de céréales par des pâturages pour l'élevage du bétail ; qu'on a intensifié et parfois innové, à la place d'autres travaux, l'élevage des abeilles et du ver à soie.

Des laboratoires et des jardins d'essais nombreux, avec tout un personnel de spécialistes, ont permis d'augmenter dans une très large mesure la qualité et la productivité des semences. De plus, de nouvelles voies de communication, et l'aménagement de chemins impraticables, ont permis d'assurer des débouchés à la production rurale.

De nombreux ponts ont été construits. Tous ces travaux sont une des transformations les plus manifestes pour le voyageur qui parcourt la Géorgie. Il rencontre à peu près partout des chantiers en pleine activité : usines hydroélectriques, usines de diverses espèces, travaux publics de tout genre. Il ne peut pas ne pas rapporter dans ses yeux l'image d'un pays en plein travail.

Dans la petite république filiale de l'Adjaristan, 135 kilomètres de routes nouvelles, dont 90 déjà achevés, 10 ponts — depuis trois ans.

Je m'arrête, en passant, à un exemple (qui déborde sur le chapitre de l'industrie). Voici une petite localité, Khoulokh, perchée quelque part sur le chemin de Batoum. Naguère, le paysan y avait une minime destinée étouffée et besogneuse. Or la bourgade est entourée de forêts, et un des hommes qui s'est occupé à y réveiller intelligemment le travail, m'a expliqué comment on s'y était pris pour donner à l'industrie locale sa besogne normale : celle de l'exploitation du bois : « Nous avons du bois beaucoup plus que ce dont nous avons besoin. Nous avons du bois à revendre. Et il se trouve que c'est de l'excellent bois. Même que c'est de celui qu'on appelle le bois de résonance, bon pour les instruments de musique. Autrefois, on ne faisait rien du tout avec tout ce bois de résonance qui vaut les meilleurs du monde : tout était laissé en plan, ou bien, en dehors de ce qui passait dans les fourneaux, et dans les murs, détruit ; pas l'ombre d'un commerce. Eh bien, depuis trois ans, nous exportons 200.000 mètres cubes de bois par an, sans compter la part que nous nous réservons pour la consommation locale. Cette marchandise — encombrante entre toutes — elle est apportée par le courant de la rivière et par des charrettes à bœufs jusqu'au chemin de fer de Borjom. Il a fallu fabriquer tout un petit monde nouveau dans la région, sous forme de routes, de ponts, et de trois scieries mécaniques, et une réglementation pour le reboisement. Maintenant le paysan est content et il n'y a pas besoin de vous dire qu'il respecte l'arbre, et la forêt, devenus une espèce de troupeau. »

Mais la phrase que j'ai le plus entendu prononcer pendant mon séjour en Transcaucasie, c'est : Ce que nous avons fait n'est rien encore. Il reste bien plus à accomplir ! (Dans l'U. R. S. S. aussi, on entend cela à chaque pas.)

La récolte des fruits (je reprends l'ensemble de la Géorgie), avait déjà subi, une grande impulsion avant la guerre. Le gouvernement menchévik s'en est occupé, notamment en ce qui concerne la lutte contre les insectes. La besogne fut reprise avec plus d'activité et de méthode après la soviétisation, non seulement contre les insectes (par les soins des coopératives), mais aussi sur toute la ligne. Avant la guerre, on exportait de Géorgie 80.000 pouds de fruits secs. En 1924, rien que dans l'ouiesd de Gouria, 43.000 pouds. Mais des difficultés très sérieuses se sont présentées, et on n'en a pas encore fini avec elles. Le prix du transport reste encore extrêmement élevé (pour expédier jusqu'à Moscou un wagon de fruits secs, on en est de 2.500 roubles !) De plus, on manque de locaux pour la conservation des fruits. On ne peut guère faire sécher que la centième partie de la récolte. On a bien remis à neuf, de façon à en multiplier le rendement, la fabrique de conserves de Gouria. On en a construit une autre en 1926 à Tkviavi. Mais il y a lieu de reprendre en grand et par le commencement, la mise au point de la culture et de l'industrie des fruits (de même que la culture et l'industrie sœurs, des légumes). Dans ce but, on va créer chaque année nouvelle 20 déciatines de pépinières. On ouvrira des cours de spécialistes. On enverra des inspecteurs et des instructeurs dans les campagnes. On construira des dépôts (pour 300.000 roubles), des usines de nettoyage et d'expédition des noix et des noisettes, deux fabriques de conserves, une pour les fruits et une pour les légumes (130.000 roubles), et on consacrera à la culture des semences sélectionnées, 50.000 roubles.

Le coton, culture importante en Géorgie et qui s'accrut considérablement de 1909 à 1914, n'a pas encore atteint sa production d'avant-guerre. Il y avait alors en Géorgie 11.900 déciatines cultivées en coton. En 1922, plus que 900 ; en 1926, il y en avait 8.666.

Afin de pouvoir hausser le tas des balles de coton, il faut avant tout hausser la qualité. Dans ce but, il y a lieu de rétablir les deux stations expérimentales de Karayaz et d'Adjiamet. Pour mener à bien ce travail de recherches, de

sélection, de classification, etc... il faut de grosses
dépenses. Le gouvernement soviétique l'a compris, et il accorde à cet effet un subside de 80.100
roubles, plus d'un million de francs. Ce n'est pas
tout, tant s'en faut : il est devenu indispensable
de doter la population cotonnière d'un outillage
nouveau, soit 115.000 roubles (on prévoit notamment 58 tracteurs). On va augmenter le personnel
des agronomes et des instructeurs (5 des premiers,
10 des seconds). On se propose d'organiser des
cours d'apprentissage pour « le relèvement culturel » de la population cotonnière, et cela représente 166.000 roubles pour les années qui
viennent. 50.000 roubles sont affectés à la lutte
contre les insectes que l'on a commencé à étudier
scientifiquement en 1925. Dans cette même année
1925, 3.500 roubles furent consacrés à l'offensive
contre les animalcules nuisibles, et en 1926,
6.000 roubles.

La place que tient la culture du tabac en Géorgie
doit également être augmentée. Il y avait en 1926,
12.000 déciatines plantées de tabac contre un peu
plus de 15.000 en 1914 (n'oublions pas, toutefois, qu'en 1921 il n'y en avait plus que 40 déciatines). Des mesures s'imposent — et on s'est engagé énergiquement dans cette voie — pour intensifier l'envoi commercial du tabac géorgien.
Il y a d'abord à abaisser des droits de douane
qui sont excessifs. Ensuite, à rationaliser la
technique pour arriver à une baisse de prix sur
le produit. Par conséquent, études et essais dans
les diverses régions climatériques de la Géorgie

pour sélectionner la qualité du tabac ; standarisa-
tion du tabac d'exportation dont les types sont
trop confus et dont chacun ne garde pas suffisamment l'air de famille : crédits réguliers pour rétablir le capital de roulement. Sur ces bases, on
prévoit, ou plutôt on décide, qu'en 1931 on aura
19.000 déciatines de plantations de tabac produi-
sant 1.175.000 pouds de feuilles, et rapportant
23.500.000 roubles. La mise en œuvre de ce programme suppose une participation de l'U. R.
S. S. d'environ 3.445.000 roubles (près de 45 millions de francs).

Pour la culture de la vigne, qui est une des
parties les plus notables de l'économie rurale de
la Géorgie, le gouvernement de l'Union considère
comme urgentes un certain nombre de mesures
de protection, d'intensification et de rationalisation de même espèce : augmentation du personnel
agronomique, organisation de 45 cours, création
de 180 parcelles modèles, de caves communales :
(celles qui existent ne peuvent contenir qu'un
million de seaux, et leur capacité doit être augmentée de moitié), réorganisation du vignoble,
étude du phylloxéra (qui a terriblement sévi là-
bas), pépinières de ceps américains (250 déciatines, ce qui doublera le chiffre actuel) et 27 serres
chaudes ; lutte contre la falsification des vins (un
contrôleur pour chaque 4.500 déciatines de vi-
gnobles, plus huit contrôleurs des vins).

La production actuelle de la Géorgie est de sept
millions de védros (seaux) de vin par an. La
moitié reste dans la consommation locale.

L'Industrie en Géorgie.

Si peu développée qu'ait été l'agriculture géorgienne dans les époques d'asservissement, l'industrie l'était encore beaucoup moins. Cette atrophie industrielle présentait un fait anormal, de pathologie économique, causé par la situation politique, parce que le sous-sol de la Géorgie contient une riche collection de matières premières, que son sol lui-même est susceptible de fournir d'abondants produits aux usines et fabriques, et que la position géographique du pays lui octroie des facilités particulières pour les transactions commerciales.

Depuis la soviétisation, c'est-à-dire depuis six ans, les statistiques, avec leur argumentation péremptoire et nette, nous indiquent qu'il a été plus fait pour l'industrie de la Géorgie que pendant tout le siècle qui a précédé.

La production industrielle de 1927 s'inscrit dans les chiffres suivants (par milliers de roubles-or) : soie : 6.309. Bois : 4.964. Tabac : 3.881. Métaux : 3.011. Cuir : 2.799. Savon : 2.697. Mines : 2.256. Alcool : 1.051. Le total fait 28.010.000 roubles. (En 1924, un peu plus de 13 million, en 25, 19 millions, en 26, 22 millions.) Le Plan de Cinq Ans fixe la progression raisonnée de la production industrielle pour les années qui viennent, à 35, 42, 50, 55 millions.

Les sommes investies pour remettre en état ou perfectionner des usines ou fabriques existantes, et pour en créer de nouvelles, ont passé de 1.293.600 roubles en 1924, à 6.473.000 roubles en 1927. Dans les cinq ans du « Plan » (26-31), 28 millions seront consacrés à cette tâche. De toutes ces sommes, 60,9 % proviennent du budget de l'U. R. S. S., du budget de « l'oppresseur », et 39.1 % du budget de la république.

L'augmentation du rendement du travail par le moyen de l'éducation technique et de la mécanisation (ce rendement a doublé depuis 1924), a permis de réduire le prix de revient des produits de 8 % en moyenne, par décret de l'U. R. S. S. — seul un gouvernement socialiste peut faire ces décrets-là.

La quote-part de la production socialisée (Etat et coopératives) est montée, de 85,7 % en 1924, à 90,3 % en 1926. L'industrie privée a donc reculé, entre 1924 et 26, de 4,6 %, soit du septième au dixième.

De nombreuses constructions industrielles montent et s'élargissent (soie, bois, drap, métallurgie, papier, ciment, sucre)...

Aux portes de Tiflis, une monumentale installation électrique, un quartier de cité aux rues torrentielles : les entrailles mécaniques des vastes bâtiments plongent dans le fleuve dont les courants bouillonnent et grondent en cascades stylisées et en trames symétriques autour de la statue de Lénine.

C'est Zagest, œuvre de Russes et de Géorgiens, et non de capitalistes étrangers (Eliava, président des Commissaires du Peuple de la Fédération Caucasienne, reproche à Mme Andrée Viollis d'avoir donné à ce sujet dans son livre une information inexacte). Zagest déploie une force de 38.000 chevaux. Riongest, dans la région de Koutaïs, fait 20.000 chevaux. Autres usines hydroélectriques nouvelles : Abgest (7.500 chevaux), Adgesta (9.000). Ce sont les principales — pour le moment.

Jetons un coup d'œil rapide mais précis, sur l'animation industrielle du beau pays où nous sommes :

La Soie. Le trust d'Etat de la soie dirige la régénérescence de cette industrie. Son centre est Koutaïs. Il s'est adonné à l'étude des méthodes du perfectionnement technique, et aussi à l'éducation des populations. C'est pourquoi le travail de la soie qui n'existait autrefois que dans la région d'Ozourgeti, a pénétré dans la Géorgie entière, et l'on peut dire que partout — sauf dans les montagnes — la population, principalement les femmes, s'occupe de l'élevage des cocons.

Avant la guerre, les cocons étaient exportés en presque totalité, à peine les artisans en prélevaient-ils quelques-uns. Maintenant, c'est de la soie grège qu'on exporte en U. R. S. S. Et l'exportation des cocons géorgiens, actuellement tombée à 10 % de la quantité d'avant-guerre, ne sera, l'année prochaine, espère-t-on, qu'un souvenir. Le trust de la soie les achète comptant à un tarif qui est supérieur, de 100 à 120 %, à celui d'avant-guerre : 5.500.000 roubles passent dans ces achats.

Les nouvelles fabriques de soie, à Koutaïs, Ozourgeti, Khoni, Tièlava, et ailleurs (1.800.000 roubles) seront achevées au cours de l'année. Le but, pour la période qui vient, est de créer des fabriques utilisant sur place la soie grège. Le Trust de la Soie a fait passer, de l'année dernière à cette année, la production de la soie grège de 46 tonnes à 87, et du tissu de soie, de 18 kilomètres à 33. La brillante marchandise est vendue à des tarifs rigoureusement fixés et elle s'écoule toute.

Tabac. Le capital de base de l'exploitation du Trust du Tabac de Tiflis est de 5 millions et demi de roubles. Les cigarettes, comme celles de Russie, sont composées d'une petite cigarette à laquelle est attaché organiquement un fume-cigarette en carton. La feuille est fournie par la culture locale ; les cartons proviennent des usines de l'U. R. S. S. A Tiflis, ˜rois fabriques de tabac et une de cartonnage, une fabrique de tabac à Koutaïs. Production annuelle : 76.800 kilos de tabac.

Bois. L'industrie du bois géorgien, sur laquelle nous avons ouvert une petite lucarne à Khoulokh, a été systématisée dans tout le pays en 1925. Le budget de l'Etat a fourni pour de nouvelles usines et scieries, pendant ces deux dernières années, 2.649.000 roubles. On a agrandi et amélioré l'outillage des usines existantes de Tiflis,

Akhalsikh, Poti, Ingoura. On a construit une grande usine à Mikhet pour les bois durs (à destination de l'U. R. S. S.). On a terminé une usine neuve à Schangonski pour l'exploitation des immenses forêts du Svaneti. On a également construit là une fabrique de papier qui pourra fournir un million de pouds de papier. Ce sont les débris et déchets du bois de Svaneti qui sont changés de la sorte en feuilles blanches. On a achevé la construction d'une usine de tonneaux à Borjom (production : environ 600.000 fûts). Cette usine fournira aussi de récipients les usines d'huiles de l'U. R. S. S. (jusqu'ici il fallait pour cela recourir à l'importation étrangère). Enfin, on a édifié une usine d'ébénisterie à Marélissakh, de laquelle usine sort notamment une file de 120.000 chaises chaque année.

Le Trust du Bois écoule facilement les 100 % de sa production. Ses recettes sont de 7 millions de roubles. Il reçoit une subvention de 3 millions.

Au cours de l'année, toutes les usines en construction seront achevées et en plein rendement. L'exportation (surtout celle des bois durs en U. R. S. S.), prendra de ce fait une très notable extension.

Le Trust Minéral s'occupe de l'extraction et de l'exploitation de certain nombre de produits naturels que le sous-sol de la Géorgie recèle avec abondance : le baryte, la pierre lithographique, la terre réfractaire, les éléments du verre, le charbon, etc... Pour la mise en œuvre de toutes ces diverses productions dont quelques-unes sont

de haute qualité, des usines ont été remises en
état et d'autres créées avec un outillage de premier ordre. On constate par exemple que l'exploitation du charbon dans la région de Tkviboulski
est d'un rendement plus élevé de 26 % que celui
d'avant-guerre. (La concession privée du manganèse — américaine — présente sur les chiffres
d'avant-guerre une progression moindre, qui
oscille, suivant la catégorie du minerai, de 4 à
14 %.). Les sommes dépensées par le Trust Minéral
se sont élevées en 26-27 à 518.000 roubles, et on
calcule que le capital engagé pour le présent
exercice atteindra 848.000 roubles. Toute la production du trust, d'une valeur de 2.109.800
roubles, est assurée par les conditions financières
de l'entreprise. La main-d'œuvre et la matière
première ne lui manquent pas sur place, et la
vente du produit en U. R. S. S. et à l'étranger
est très fermement garantie.

Le Trust des Métaux a mis sur pieds des usines
telles que celles d'Orjénikidzé, à Tiflis, l'usine
des Vingt-Six Communistes, l'usine métallurgique Kalinine, l'usine Staline, l'usine de cuivre :
Révolution d'octobre, dont les noms seuls indiquent la date de naissance ; la station électrique
de Torochilidzé... Le Trust métallique a dépensé
en 1927, 3.270.000 roubles, soit un million de
plus que l'année précédente. Il entreprend une
grande usine métallurgique pour toute la Transcaucasie. Dans le secteur économique de ce trust
il y a une certaine pénurie de matière première.
Des recherches et des prospections sont entre-

prises notamment dans la région de Tchakakh, où déjà des filons ont été découverts et exploités. De plus, le Trust rencontre quelques difficultés par suite de l'impossibilité technique et financière où il se trouve actuellement de répondre à tous les besoins. La demande a considérablement grossi par suite de l'extension de l'industrie de la soie et des installations électriques.

Le Trust des Cuirs a trois usines à Tiflis et, de plus, une fabrique de chaussures et une fabrique de feutres. Ces cinq usines ont coûté 2.800.000 roubles. Le Trust est surtout approvisionné de cuirs de grandes dimensions, et il se plaint du manque de petites peaux. Son outillage est moderne, et il a beaucoup plus de commandes, venant de l'U. R. S. S., qu'il ne peut en réaliser. Il se préoccupe de parer à l'obligation où il se trouve actuellement d'importer de l'étranger les substances nécessaires au travail du cuir. Il a dépensé en deux ans 324.500 roubles. Le capital de base n'apparaît pas comme suffisant, bien que le rendement du travail soit passé de 25 % à 50 %, et que le prix de la matière première ait baissé de 23 % par suite de la centralisation et de l'organisation des achats.

Le Trust du Savon et de l'Huile a, à Tiflis, trois usines pour le savon et deux pour l'huile (coût : 3.463.000 roubles). Toute la matière première vient de Transcaucasie. Par suite de la concurrence des fabriques de Granja et d'Erivan, les usines de Tiflis peuvent subir une crise de matières premières. Il convient donc de veiller au développement des cultures qui les alimentent. Pour les savons durs et les huiles industrielles et médicinales, la fourniture répond aux besoins locaux, puis déborde en exportations dans l'U. R. S. S., et même à l'étranger pour les sous-produits.

Trust Textile. Une fabrique fait, à Koutaïs, plus de 100.000 mètres de gros drap avec la laine locale. A Tiflis, une fabrique de coton feutre pour les chaussures dépasse 1.000 tonnes de débit. Une fabrique d'ouate, 600 tonnes. L'abondance des matières premières dépasse de 100.000 pouds la production d'étoffe de coton. On construit à Tiflis une nouvelle fabrique puissante qui donnera un million de mètres de drap et des tissus métis (elle commencera à fonctionner au cours de l'année.

L'imprimerie, comme la lithographie et tout ce qui fait partie des arts « polygraphiques » n'avait donné en Géorgie aux générations montantes qu'un patrimoine en état lamentable. On a remonté, reconstitué, renouvelé. Des parties neuves ont été ajoutées à l'ancien appareil et aux vieux services. On a importé des rotatives, des linotypes, et tout l'équipement moderne du vieil art parlant et pensant.

Les trusts énumérés ci-dessus entrent pour 40 % dans le total de l'industrie géorgienne. Ils sont dans la main du présidium du Conseil de l'Economie de Géorgie qui dirige, cherche les procédés, étudie les méthodes, procure les moyens et trace les plans. Il contrôle aussi les résultats, surveille les nouvelles constructions, et harmonise le rythme du rayonnement industriel.

Le Travail et la Situation de l'Ouvrier en Géorgie.

Je crois que j'ai déjà fait voir dans l'éclairement que je m'efforce de promener sur les diverses faces et facettes de la vie transcaucasienne d'hier et d'aujourd'hui, combien cette région présentait une illustration, en dimensions réduites, de tous les phénomènes économiques, sociaux et politiques qui se sont accumulés dans le vaste Orient européen, et qui tiennent chacun à un des problèmes collectifs essentiels du monde contemporain.

La situation de l'ouvrier géorgien dépeint très exactement, dans un plan raccourci, les caractéristiques et les contrastes de trois régimes : le régime despotique, le « démocratique », et le socialiste.

Sur la période impériale, je ne reviens pas. Je la mentionne seulement pour constater que l'ouvrier géorgien, lorsqu'il fut lâché par l'étau tsariste, ne vit pas son sort s'améliorer sous le régime hybride que le pouvoir menchévik substitua au système féodal.

Cela est un fait, qui est souligné par les autorités menchéviks elles-mêmes. Le travail a subi

un arrêt terrible — et grandissant — pendant la
la période 1918-1921. De nombreuses entreprises
ont dû mourir, d'autres, se réduire, et n'être plus
que l'ombre d'elles-mêmes. A coup de menaces
et de grèves, les revendications ouvrières se suc-
cédaient, mais sans méthode et sans plan. Vers la
fin de 1920, le Ministre du Travail déclara publiquement « que la crise financière augmentait,
que l'état économique était de plus en plus précaire, que la production diminuait. »

Au 1ᵉʳ Congrès Syndical de Géorgie, en
1919, le représentant du Ministère du Travail, a
parlé en ces termes : « Les ouvriers ne reçoivent
même pas le minimum de nourriture, et leur
situation matérielle devient de plus en plus critique, au point de menacer leur existence physique. » Au IIᵉ Congrès, les paroles officielles et gouvernementales furent celles-ci : « La
classe ouvrière touche à son déclin... Aucune
catégorie sociale ne se trouve dans une pareille
situation : celle-ci devient menaçante, et même
catastrophique. La plus grande partie des masses
laborieuses pendant ces derniers mois, souffre de
la faim, vend ses meubles et son linge. Les travailleurs n'ont parfois même pas de chemise. On
les voit en loques à la maison et dans la rue. Les
enfants, faute de vêtements, ne peuvent plus aller
à l'école. Les maladies et la mortalité augmen-
tent. Il est impossible d'imaginer un tel dénuement, qui amène l'abandon du travail et le dé-
classement des ouvriers. » Et un peu plus loin, le
représentant du Ministère du Travail spécifie :

« Le salaire excessivement bas pousse les ouvriers à chercher d'autres moyens de gagner de l'argent. Ils essayent de faire du commerce et de la spéculation. Le nombre des usines abandonnées se multiplie. »

D'après les données officielles du gouvernement menchévik, le salaire réel au mois de décembre 1919, était le quart du salaire d'avant-guerre (exactement 25,65 %). Après de nombreuses fluctuations, ce pourcentage descendit dans l'année 1920, au mois d'août à 24 %, au mois d'octobre à 13 %, au mois de novembre à 8,6 %.

En présence de ces données nous tenons la véritable cause de la soviétisation du Caucase : ce fut en réalité dans ces régions une *seconde révolution* motivée par la situation économique de l'ouvrier et du paysan.

Au tout premier début de la soviétisation, il fut difficile d'obvier à cette situation désastreuse, tant étaient profonds les ravages qu'elle avait causés. Toutefois le salaire augmenta d'une façon permanente : en 1922 il représente déjà 43 % du niveau d'avant-guerre. En 1926 il atteint ce niveau et dans certaines branches, il le dépasse (avec réduction maxima des heures supplémentaires qui, en 1926, représentent 2,2 %). La moyenne de durée de la journée de travail est, en 1926, de 7 heures 40 (avant la guerre, la journée était nominalement de 10 heures, mais, en fait, plus longue). On ne prend plus en considération, comme autrefois, ce que les statistiques, dans leur sècheresse pittoresque, appellent « l'indice du sexe » : A la différence de ce qui se passe dans les pays capitalistes, on applique au travail des hommes et des femmes une commune formule lapidaire : « A travail égal, salaire égal. »

L'Etat et le syndicat interviennent pour augmenter, par diverses voies, le salaire argent ou salaire proprement dit. L'assurance sociale est payée exclusivement par l'entrepreneur, et s'étend à tous les métiers et à la famille des travailleurs. Jusqu'à la soviétisation, les entrepreneurs retenaient la prime de l'assurance sur le salaire. La caisse d'assurances est sous le contrôle direct des organisations syndicales.

C'est également depuis la soviétisation seulement que les travailleurs profitent des maisons de repos et des sanatoria, réservés naguère aux classes possédantes. L'organisation du séjour des ouvriers dans le magnifique réseau des établissements et stations sanitaires de la Géorgie fut entreprise en 1922. Le nombre des travailleurs qui y séjournent, de deux semaines à un mois, tous frais de séjour et de soins médicaux payés, et salaire également payé, augmente d'une année à l'autre : en 1923, 3.873 prolétaires ont passé dans les maisons de repos de Géorgie, en 1925, 6.109.

En cas d'incapacité temporaire, le salaire est payé, les soins sont gratuits. Les invalides du travail sont pensionnés. Lorsque l'ouvrier soutien de famille meurt, les membres de sa famille reçoivent une pension. Le lait et le linge sont four-

nis pour les petits enfants — et toute une série de
mesures de même nature sont officiellement et
automatiquement appliquées. Les sommes ver-
sées pour un assuré représentent en 1922, 43 roubles en moyenne, et, en 1926, plus de 92 roubles.
L'assurance sociale annuelle monte à un chiffre
supérieur à celui du salaire mensuel de l'ouvrier.

En 1920 le nombre des ouvriers géorgiens était
de 78.200 (chiffre maximum, qui figure sur les
registres de ravitaillement des sans travail). Après
la soviétisation, le nombre des ouvriers a plus que
doublé : il est actuellement de 157.414 dont 8,4 %
appartiennent à l'industrie privée.

Pour comparer le sort des ouvriers géorgiens
et en général des ouvriers soviétiques, avec celui
des mêmes catégories de travailleurs étrangers, il
faut tenir compte des avantages et profits indirects dont bénéficient les premiers : indépendamment de l'assurance sociale et de l'aide médicale
dont je viens de parler (l'assurance sociale s'inscrit dans nos législations occidentales pour 10 %
du salaire), il faut mentionner les mesures d'hygiène et de prophylaxie contre les maladies professionnelles ou d'ordre général, la gratuité ou la
grande modicité des loyers ouvriers, les réalisations considérables en vue de l'éducation, les diminutions (50 % en général) sur les prix des
places de théâtre, cinéma, etc... Un grand nombre
bre de maisons ouvrières ont été construites ou
sont en construction. Rien qu'en Adjaristan, il y
en a 3.000 nouvelles. Quant aux dépenses cou-
rantes d'un budget ouvrier, elles se sont abais-

sées de 2,3 % sur les choses de l'alimentation,
mais par contre, elles présentent une légère augmentation dans le rayon des vêtements et du
ménage.

Les Syndicats.

Avant la révolution, quelques cellules syndicales non organisées. Pendant la période démocratique, les syndicats professionnels étaient au
nombre de 66, divisés par métiers (et encore deux
corps de métiers seulement, les cheminots et les
pharmaciens, avaient un centre syndical).

Maintenant, il y a 21 centres syndicaux. La
direction centrale, liée, selon les règles géométriques de toute l'organisation soviétique dans
chacun de ses grands secteurs, avec les cellules
primordiales (qui sont les Comités d'Usine), siège
à Tiflis. Les Comités d'Usine de base, qui diffé-
rencient l'agglomération syndicale moins par
corps de métier que par établissements, sont au
nombre de 1.333 en Géorgie.

Tout un réseau organique (veillant au progrès
culturel, à l'enseignement, à la défense du travail, à l'amélioration de la production) est adjoint
au Comité d'Usine. Il y a 3.948 de ces noyaux,
avec 19.502 membres. On y fait pénétrer, on y
pousse, les éléments actifs et intelligents.

D'après les exposés de la Commission des Mandats du 1" Congrès syndical de Géorgie, il y avait en 1919, 50.126 syndiqués. Le 1er juillet 1927, les syndicats géorgiens, dont l'accès est absolument facultatif, comptaient 165.073 membres. Les ouvriers non syndiqués représentent 8,8 % seulement de la masse laborieuse.

Ainsi que je l'ai indiqué, un des objectifs du mouvement syndical est d'imprimer lui-même, par le moyen de ces cellules motrices que sont les diverses commissions, une extension maxima à l'éducation technique et générale de l'ouvrier. Ce travail entrepris avec beaucoup d'énergie, et en liaison avec les institutions d'Etat, est arrivé à de notables résultats. C'est ainsi, pour prendre un exemple, qu'il y avait à Tiflis, au début de la soviétisation, 30 % d'ouvriers syndiqués ne sachant ni lire ni écrire et n'ayant que des rudiments d'instruction. Aujourd'hui la catégorie des illettrés ne représente plus à Tiflis que 5,2 % de l'ensemble syndical.

Avant le rattachement à l'Union, les bibliothèques des organisations professionnelles végétaient, manquaient d'argent — et de livres. Maintenant les syndicats ont 91 bibliothèques, 29 bibliothèques-salles de lecture, 196 salles de lecture. Le Conseil des Syndicats menchéviks de Géorgie éditait (et du reste très irrégulièrement), une seule revue ; actuellement, il y a deux journaux syndicaux : un en langue géorgienne qui tire à 15.000 exemplaires, et un en langue russe, dont le tirage est de 12.000. En plus, deux revues, un bulletin de statistiques et deux périodiques purement professionnels. Le Conseil des Syndicats a édité depuis la soviétisation, 166 livres à 349.200 exemplaires (pendant la période menchévik, on n'a pas édité un seul livre professionnel ou relatif au mouvement ouvrier).

Mécanisme du Pouvoir en Géorgie.

La structure administrative de la Géorgie ? Elle est établie selon le système organique soviétique qui anime intimement toutes les unités, tous les ensembles successifs, et tout l'ensemble, du territoire vivant de l'Union.

Le village nomme son soviet par des élections auxquelles participent tous les citoyens et citoyennes, sauf les riches, les profiteurs du travail d'autrui, et les oisifs. Ce soviet est la cellule de base, le globule sanguin, l'élément constitutif, de toute la matière organique de l'État. Cette matière est homogène, car il n'y a pas de séparation des pouvoirs en régime soviétique.

Les soviets de villages administrent le village et la portion de territoire attenante, et, de plus, participent de leurs personnes à la formation du soviet de thémi ou canton. L'organe qui exerce la fonction exécutive de toutes les assemblées soviétiques est le Comité Exécutif. Pas un soviet,

grand ou petit, qui ne s'exprime et ne se réalise
par un Comité Exécutif. Celui du soviet de
thémi comprend trois personnes (direction générale, agriculture, guerre). Le soviet de thémi
compte un membre pour cent électeurs : il personnifie, à un pour cent, la population.

Sortant des soviets de thémis, à raison d'un
représentant par mille habitants, voici le soviet
d'ouiesd ou d'arrondissement. Avec ce soviet
qui, d'après la procédure indiquée ci-dessus, incarne la population paysanne, fusionne un soviet
de ville nommé par les villes de l'ouiesd, à raison d'un représentant par deux cents habitants.
La représentation urbaine est donc proportion-
nellement cinq fois plus nombreuse que la
représentation paysanne — afin que ces deux
représentations soient dans les Conseils sur pied
d'égalité. C'est la règle pour toute l'Union Soviétique, dont la population compte un citadin pour
cinq paysans. Le Comité Exécutif de l'ouiesd,
plus abondant que celui du thémi, comprend les
représentants et dirigeants (véritables commissaires du peuple) des dix sections suivantes :
Direction Générale, Guerre, Travail et Assurances, Instruction, Finances, Agriculture, Commerce intérieur, Inspection des ouvriers et des
paysans, Santé, Service communal.

Enfin, les soviets d'ouiesd envoient des représentants au Soviet Central de la République de
Géorgie : un membre par 10.000 habitants des
campagnes et un membre par 2.000 électeurs
urbains. Dans le soviet de Géorgie s'intercalent

ceux des trois républiques adjointes à la Géorgie :
l'Adjaristan, l'Abkhasie, et l'Ossétie du Sud, et
qui sont formés exactement de la même manière.

Au Soviet Central Géorgien se rattachent
d'abord des organisations spéciales : le Soviet
municipal de Tiflis (un membre pour cent habitants) et ceux des autres villes de Géorgie (ces
soviets ayant chacun, naturellement, leurs Comités Exécutifs).

Du Soviet Central émane l'organisme gouvernemental de la Géorgie : le Comité Exécutif Central (avec un presidium), et enfin, annexé à ce
C. E., un Conseil des Commissaires du Peuple
(neuf commissariats : Inspection, Travail, Finances, Agriculture, Assurances sociales, Santé,
Instruction, Justice, Affaires Intérieures).

Un représentant du Commissariat de la Transcaucasie est adjoint au Comité Exécutif Central,
dont dépendent encore d'autres services tels que
celui du Gosplan, des Statistiques et le Conseil
Supérieur Géorgien de l'Économie.

Le Soviet de la Transcaucasie est formé par les
trois Soviets : 1° de la Géorgie (dans lequel rentrent ceux des trois républiques déjà citées) ;
2° de l'Azerbaidjan (avec le Karabagh et le
Nakitchévan), et 3° de l'Arménie —, à raison
d'un représentant par 15.000 électeurs paysans,
et d'un représentant par 3.000 électeurs urbains.
Il a son siège à Tiflis. Son organe exécutif est le
Comité Exécutif Central de la Transcaucasie (dont
le présidium comprend 26 membres et 3 présidents), puis un Conseil des Commissaires du

Peuple pour toute la Transcaucasie (Commerce, Finances, Travail, Inspection) en jonction avec le Conseil Économique Supérieur Transcaucasien, et avec les Services de Direction Politique et Guépéou, du Gosplan et des Concessions. Font partie également de ce Conseil des Commissaires du Peuple, les représentants des commissariats de l'U. R. S. S. suivants : Affaires étrangères, Guerre et Marine, Voies de Communication, Postes et Télégraphes, Commerce.

Le Soviet de Transcaucasie participe, toujours suivant le même système de généralisation administrative et le même réseau organique de circulation, au Soviet Central de l'U. R. S. S., le cercle suprême, où il entre comme secteur à côté du Soviet de la Russie Blanche, de celui de l'Ukraine (avec la Moldavie), de celui de l'Ousbekistan (avec le Tadjistan), de celui du Turkménistan, et de celui de la Russie proprement dite (République Socialiste Fédérative des Soviets de Russie, avec ses vingt-trois républiques annexes).

Le Soviet Central de l'Union comporte les mêmes rouages que les autres, plus diversifiés seulement dans les services, par suite de l'extension de son ressort, et de sa tâche de coordination générale. Le Comité Exécutif Central agglomère un soviet de l'Union et un soviet des nationalités, ayant chacun son presidium. Il lui est annexé le Tribunal Suprême et la Commission du Budget du Commerce extérieur. Le presidium général du C. E. C. est de 27 membres.

Le Conseil des Commissaires du Peuple de l'U. R. S. S. est composé des dirigeants des services suivants : Affaires étrangères, Postes et Télégraphes, Voies de Communication, Guerre, Commerce, Finances, Travail, Instruction, Hygiène, Conseil Supérieur de l'Economie. Son travail s'appuie sur un certain nombre d'organismes : Commission Préparatoire, Commission de Direction des Affaires, du Travail et de la Défense, Commission Supérieure des Concessions, Gosplan, Commission d'Arbitrage, Direction Politique Secrète, Direction Centrale des Statistiques.

On voit que sur toute l'ancienne terre russe, fonctionne une organisation unitaire et compacte, qui ne perd nulle part le contact avec la masse de la population. C'est, on peut le dire, le régime de la dictature organisée de l'ensemble des travailleurs (1).

Qu'on remarque bien que dans ce système, l'autorité dirigeante circule de bas en haut, et non pas, comme dans les pouvoirs « tyranniques », y compris ceux des républiques d'ancien régime, après la duperie des élections), du haut vers le bas. Chaque circonscription, chaque unité collective se gouverne elle-même, chaque portion de territoire s'administre *sur place*, puisqu'il n'y a pas de séparation entre le pouvoir législatif

---

(1) Ce réseau ne se confond pas administrativement (malgré le parallélisme de tendances et d'esprit) avec celui du Parti Communiste russe, dont le secrétaire général est Staline, ni avec celui de l'Internationale Communiste, dont le président est Boukharine.

et le pouvoir exécutif. Les soviets plus étendus veillent aux rapports des unités constitutives et coordonnent ces rapports, en même temps qu'ils préparent les éléments de cette coordination pour le cercle plus grand dont ils font partie à leur tour. Qu'on imagine, en France, les conseils municipaux des communes doués de l'initiative exécutive dans le ressort de leur circonscription et constituant, superposés en assises, les seuls matériaux de l'ensemble de l'État. L'intérêt local est sauvegardé en fait et au maximum par cette formule : Organisation par et pour l'unité locale. Un pays comme la Géorgie, loin de présenter l'image d'une province annexée à une nation, est au contraire déjà par elle-même, une fédération, de villages, de cantons, et d'arrondissements.

Dans les Comités Exécutifs de canton et d'arrondissement, le président appartient, et cela va de soi, à la catégorie ethnique qui constitue la majorité dans la circonscription. Dans les ouiesds les vice-présidents représentent les minorités. La langue officielle est celle de la catégorie la plus nombreuse des habitants. C'est dans cette langue qu'est donné l'enseignement — mais une part proportionnelle est faite dans l'ensemble des établissements d'enseignement, aux autres langues parlées dans la région (1).

(1) L'armée a deux divisions géorgiennes sur trois (la troisième est affectée à la défense extérieure). Le général en chef est géorgien. L'état-major est géorgien. Les officiers sont géorgiens. L'école militaire enseigne en géorgien.

La liberté, l'autonomie nationales dont jouissent les Géorgiens au sein de l'Union Soviétique sont donc incomparablement plus étendues que celles des Bretons ou des Provençaux au sein de la République Française. (On aurait trop beau jeu à mettre l'Alsace sur le tapis). Si un Breton turbulent tentait de soulever la Bretagne en vue de la constitution d'un Etat breton indépendant, au nom de son indépendance d'antan, les Français de bon sens, et même ceux qui, malgré leur bon sens — signeraient des pétitions pour « l'indépendance de la Géorgie » —, ne se feraient pas faute de dénoncer à grands cris cette prétention absurde, dont la réalisation serait par trop désavantageuse pour la province, et du reste tout à fait sans fondement, un Breton étant citoyen français exactement au même titre qu'un Parisien, et pourtant, l'agitateur qui manigancerait cette propagande dans l'ex-duché souverain de Bretagne, aurait plus de raisons d'agir de la sorte que celui qui poursuit la même besogne en Géorgie, la centralisation française, l'impérialisme de Paris, ayant de toute évidence anéanti la culture, la langue et la tradition bretonnes. (Ne parlons pas de préfets et de fonctionnaires bretons, élus par les Bretons, d'une chambre de députés provinciale exclusivement bretonne, d'une garnison bretonne, de la langue bretonne dans les écoles, dans les Conseils Généraux et les Conseils Municipaux ou le journal officiel !).

L'instruction publique en Géorgie.

En 1917 il y avait en Géorgie, sans l'Adjaristan ni l'Abkhasie, 70 % d'illettrés. Il y en avait, en 1926, 52 %. En six ans de régime soviétique, ont appris à lire et à écrire 346.088 personnes en Géorgie.

En 1914-1917, la Géorgie renfermait 1.503 écoles avec 138.644 élèves et 5.155 maîtres. En 1921 (menchéviks) : 1.733 écoles, avec 191.244 élèves et 8.876 maîtres. En 1926, 2.079 écoles, avec 286.444 élèves et 10.671 maîtres. En 1927, le nombre des écoles de travail était de 2.320.

Pour les écoles maternelles et les asiles : 0 en 1914 ; 5 et 2 en 1921 ; 62 et 23 en 1926.

Tous les types d'écoles de travail existent pour les minorités nationales et dans leur langue : 128 écoles arméniennes avec 27.297 élèves (il y a 300.000 Arméniens en Géorgie), 87 écoles turques, 63 russes, 36 grecques, 27 ossétines, 11 allemandes, 3 juives, 2 assyriennes, et 1 polonaise (qui a 43 élèves et 7 maîtres).

L'école du premier degré est une école de quatre classes : l'enfant la fréquente pendant quatre ans.

Une autre série d'écoles qu'on appelle les écoles de la jeunesse paysanne ou les écoles de sept ans, complète les écoles du premier degré. Dans les régions agricoles, ces écoles de sept ans orientent l'écolier vers le travail de la terre et, lui donnent les notions fondamentales. Il y en a 101. Les bourgs et les villes ont aussi leurs écoles septennales, qui intéressent et initient l'enfant à la production industrielle et sont des manières d'écoles de fabrique et d'usine.

Dans le cycle du dessus (qui donne l'école de neuf ans ou de neuf classes), l'orientation professionnelle est plus marquée. Cela ne veut pas dire que l'école de neuf ans soit une école de métier proprement dite. Elle reste essentiellement un établissement d'enseignement général, mais elle fait une place dans son programme à telle ou telle profession, selon les besoins économiques du district dont elle appelle l'enfance à elle. Il y a, ainsi, des écoles de neuf ans avec orientation pédagogique (20), politique (5), agricole (11), administrative (10), coopérative (16), électrochimique (2).

Il y a en Géorgie quatre établissements d'instruction supérieure : l'Université d'État, l'Institut Polytechnique Lénine, le Conservatoire, l'Académie des Arts — tous quatre à Tiflis. L'Université se compose des Facultés suivantes : Pédagogie, Sciences Sociales et Économiques, Médecine, Agronomie, et Technique. Près de cette université a été ouverte une Faculté Ouvrière comprenant 1.276 étudiants.

L'Institut Polytechnique Lénine se compose de deux Facultés : Génie et Agriculture, et de

deux Facultés Ouvrières : l'une russe (357 auditeurs), et l'autre arménienne (193).

Il est déjà sorti des écoles supérieures géorgiennes un grand nombre de travaux scientifiques qui ont été insérés en partie dans les recueils
russes et étrangers. L'Université a pris elle-même
à son compte l'édition de 150 ouvrages traitant de
sujets scientifiques.

Un réseau d'écoles techniques ou technicums,
pédagogiques, économiques, agricoles, et industriels, a pour but de préparer des spécialistes de
« qualification moyenne ». Dans le groupe agricole rentrent les technicums pour l'agriculture
proprement dite, pour la viticulture, pour
l'aménagement de la terre et pour l'hydrotech-
nique. Le groupe des technicums industriels se
divise en écoles de mécanique, de construction,
d'électrotechnique et de chimie. Les technicums
pédagogiques préparent des instituteurs pour les
écoles du premier degré (on en compte 12 en
Géorgie, dont un arménien et un turc).

La Géorgie possède actuellement 7 technicums
économiques dont cinq emploient le géorgien
comme langue d'enseignement, un l'arménien,
et un le russe. Des cours y sont consacrés à la
comptabilité, la coopération, et les autres aux
sciences économico-financières. Ils sont au
nombre de 27 et donnent chaque année plus de
800 spécialistes.

Outre les technicums agricoles, au nombre de
12, voici 9 écoles primaires d'agriculture pour la
préparation de la main-d'œuvre qualifiée (jar-

diniers, viticulteurs, horticulteurs, fromagers, planteurs de tabac, etc.).

Il faut encore ajouter 5 écoles d'usines et de fabriques, 12 écoles techniques professionnelles, et 5 cours ouvriers.

On voit aussi surgir peu à peu des écoles préparant des instructeurs pour l'artisanat. Les branches étudiées sont : le tissage, la confection des tapis et le tricotage.

Notons pour mémoire que les écoles techniques spéciales, qui sont distinctes des écoles professionnelles, n'existaient pas en Géorgie avant la guerre. En 1920 (menchéviks) il y en avait 14. En 1926, 43, plus 4 Facultés Ouvrières.

L'action éducatrice et politique en Géorgie.

Les soviétiques ne séparent pas ces trois mots : éducation générale et politique, et il se trouve qu'ils ont raison. Il serait comique, ou lugubre, de parler de l'action éducatrice générale sous le tsarisme, mais il faut reconnaître que le gouvernement menchévik n'a rien donné non plus sous ce rapport. On signale seulement dans un district de Géorgie (Ozourgeti), en 1920-1921, l'initiative de quelques instituteurs qui fondèrent des groupes pour « la liquidation de l'analphabétisme », (c'est l'expression consacrée), en faisant appel au concours matériel du public. Dans les autres districts, à cette époque, on ne trouve rien de semblable.

En 1920-21, sous les menchéviks, on comptait dans les villes et dans les villages environ 27 bibliothèques-salles de lecture, subsistant toutes au compte de sociétés de bienfaisance. L'État ne les subventionnait pas. Le nombre des bibliothèques-salles de lecture fonctionnant actuellement dans les villes et les villages atteint 426.

On compte en Géorgie (en en exceptant les républiques autonomes), 375 isbas aménagées en salles de lecture. Ces isbas-lecture sont installées de préférence dans les bourgs. Elles alimentent chacune de deux à cinq villages, et servent de centre au travail éducateur dans un secteur déterminé. 62 de ces isbas-lecture sont munies de récepteurs radiophoniques stables, et une dizaine d'appareils mobiles sont envoyés dans les districts.

Le « Politprosviet » a une section spéciale chargée de s'occuper de la liquidation de l'analphabétisme, et aussi des demi-illettrés, et d'organiser les cours du soir des écoles primaires supérieures.

Cinéma. Une entreprise cinématographique d'État a été établie en Géorgie en 1921. Le cinéma est extrêmement centralisé dans l'Union Soviétique qui s'occupe avec une activité et une maîtrise incomparables, de cet art merveilleux qui rapetisse la réalité sur un écran en lui laissant toute sa grandeur. (8.000 salles de cinéma dans l'U.R.S.S.). En ce qui concerne la Russie proprement dite, l'art cinématographique aux formes scientifiques et éblouissantes, architecture de la vision, est monopolisé par deux vastes organisations : le Sovkino et la Meschrabpom. La Géorgie a son entreprise nationale distincte (comme l'Ukraine et l'Arménie).

La coopération en Géorgie.

La coopération naquit en Géorgie au moment du coucher du soleil tsariste, en 1916. Elle sortit presque spontanément des crises de ravitaillement consécutives à la guerre : la pénurie du sucre lui donna la première impulsion. Mais son appareil était alors désordonné et sporadique. Quoique constituée dans une formule embrassant toute la Transcaucasie (Union Transcaucasienne des Sociétés de Consommation) la coopération n'était guère développée qu'en Géorgie. (Géorgie, 92 % des unités; Arménie, 6 %; Azerbaidjan, 3 %). Sous le régime menchévik, elle eut une existence plus aisée, mais néanmoins restreinte : admise en face du commerce privé, elle ne jouait guère que le rôle de frein contre la spéculation et la hausse des prix. Mais le gouvernement, au lieu de l'aider, lui faisait de la concurrence dans les municipalités. En 1919, après la dissolution du Seym et la déclaration d'indépendance de la Géorgie, l'Union Transcaucasienne, qui se développait presque exclusivement dans les régions de Tiflis et de Koutaïs, devint purement géorgienne et prit le nom de Cecavchiri. Quoique centralisant alors 897 points coopératifs, la Cecavchiri n'avait pas de rôle notable dans l'économie nationale et constituait un rouage à côté, comme une variété du commerce privé. Aussi subit-elle à ce moment une crise grandissante, tant en raison des mauvaises dispositions du gouvernement menchévik qui sacrifiait les coopératives aux Assemblées Territoriales, que par suite de la fermeture du marché russe et de l'animosité qui séparait les républiques caucasiennes. Elle essaya de s'alimenter par des commandes à l'étranger. Mais elle ne réussit pas dans cette voie, s'endetta, s'enlisa. En 1921, son actif ne représentait plus que 1,86 % du bilan. Après la soviétisation, la Cecavchiri se releva. Le bilan était en janvier 1923, de 354.822 roubles ; le 1er octobre 1926, de 3.005.069 roubles, et à cette dernière date, son roulement de marchandises était vingt fois plus grand qu'en 21. Elle eut pourtant de la peine à se guérir des plaies financières qu'elle s'était faites dans la période précédente, et les conséquences du manque d'organisation et d'idée directrice et sociale, de sa gestion antérieure ne furent liquidées qu'après plusieurs années. Actuellement, elle joue un rôle actif, dans toutes les voies, et avec l'aide large et sans réserve du gouvernement, en vue de l'édification du socialisme et de la défense des intérêts matériels des masses contre la pression du commerce privé.

Les enfants abandonnés.

La Transcaucasie a aussi ses enfants abandonnés, et elle participe à cette émouvante question qui fournit aux ennemis des Soviets des réquisitoires si pathétiques — et si inconsidérés.

Ces enfants sont des orphelins, ou des demi-orphelins, ou simplement des enfants délaissés par des parents trop pauvres pour les nourrir. Ce sont des victimes de la guerre, plus tardivement et plus longuement frappées que les autres : ils sont encore atteints, à travers dix ans, par l'épidémie de misère et de dénuement que cette grande et multiple guerre — qui coûta à toute la Russie beaucoup plus de dix millions d'existences — traîne encore après elle.

Le nombre de ces enfants sans asile, livrés à eux-mêmes et par là, livrés au malheur et au vice, a été considérable à un moment donné dans l'U. R. S. S., quoique le chiffre en ait toujours été exagéré à plaisir par la campagne anti-soviétique, heureuse de profiter de cette vaste misère. Il y en avait en 1926, 442.906 pour toute l'U. R. S. S. Sur ce nombre, 303.406 ont été placés dans 3.700 établissements spéciaux auxquels ont été adjoints mille ateliers industriels, et 15.000 déciatines de terrains pour les travaux agricoles. Un très grand nombre d'initiatives publiques et privées s'occupent du sort des 139.500 enfants qui étaient encore livrés à eux-mêmes en 1926, et on peut dire que l'U. S. donne dans cette circonstance le spectacle d'une sollicitude patiente et d'une continuité d'efforts, touchantes et admirables. Des institutions et des personnalités communistes exercent là un véritable apostolat. Le problème est particulièrement ardu par suite du caractère irréductible et, pourrait-on dire, presque incurable, de ces jeunes victimes dévoyées dont il est bien difficile, sinon impossible de venir à bout par tous les procédés usuels d'aide affectueuse et de rééducation. Le gouvernement de Moscou dépense un milliard de francs par an pour parer à ce mal, qu'il arrive à faire diminuer graduellement et dont il s'est presque déjà rendu maître. Le patronage, c'est-à-dire le placement des enfants dans les familles, avec des subventions et des privilèges spéciaux aux parents adoptifs, permet de sauver quelques dizaines de mille des enfants encore errants.

En Transcaucasie, qui fut riche, hélas, en pauvres orphelins (nous l'avons vu ici en passant à Léninakan), il y avait, en octobre 1926, 11.579 orphelins dont plus de la moitié (5.829) étaient placés dans 86 établissements spéciaux. Je ne compte pas dans ce chiffre les orphelins arméniens dont une organisation philanthropique américaine s'est occupée pendant plusieurs années et dont le gouvernement soviétique reprend graduellement en mains la direction et la responsabilité. On se rappelle qu'un grand nombre de ces adolescents (17.000) sont spécialement éduqués pour travailler à l'industrie textile qui se développe considérablement dans le rayon de Léninakan.

Le lugubre contingent d'enfants errants du territoire soviétique est donc en très grande décroissance. C'est une constatation qu'on a le devoir de faire, mais ce n'est pas la seule qui soit à formuler. Il faut spécifier que ce fléau des enfants abandonnés, de ces jeunes vagabonds en marge de la société, et se changeant en malfaiteurs, a, de tout temps, sévi en Russie. Des voyageurs et reporters nous ont édifiés sur l'insécurité des rues de Moscou et de Saint-Pétersbourg aux plus beaux jours du tsarisme, et sur l'audace inouie, menaçant la vie des passants en plein midi, des jeunes apaches massés dans les rues. Il y en avait à ce moment là plus qu'il n'y en a actuellement — et aujourd'hui, je mets en fait, et j'en appelle à toutes les personnes qui ont parcouru les grandes villes soviétiques — que ces déplorables vagabonds sont rares.

..., De tout temps, dis-je, et la preuve, c'est que j'ouvre l'Histoire de l'Empire de Russie, de Voltaire, et que j'y lis le passage suivant se rapportant à l'année 1718 :

« ... Les maisons pour les orphelins et pour

les enfants trouvés, déjà commencées, furent achevées, dotées et remplies... Toutes les grandes villes furent délivrées de la foule odieuse de ces mendiants qui ne veulent avoir d'autre métier que celui d'importuner ceux qui en ont un, et de traîner aux dépens des autres hommes une vie misérable et honteuse. »

La Science en Géorgie.

La Direction générale des établissements scientifiques et des musées (Glavnaouka) contrôle une série déjà notable d'institutions et de sociétés scientifiques : l'Observatoire Géophysique, le Musée de la Géorgie, le Musée de la Révolution, les Archives Centrales, le Musée Historico-Ethnographique, le Musée Central de Pédagogie, la Galerie des Beaux-Arts, la Bibliothèque Publique d'État, etc... Parmi les associations scientifiques les plus importantes, sont la Société d'Histoire et d'Ethnographie, l'Association des Naturalistes et des Médecins. Présentement, la Géorgie compte 26 institutions scientifiques (14 sous les menchéviks).

Les musées de Tiflis se sont créés et enrichis soit par l'initiative privée, soit par l'intervention du gouvernement local et central. L'aménagement des bâtiments et des salles, la préparation du personnel et des travaux, l'alimentation des collections, sont officiellement et méthodiquement menés de front. On prépare de nouveaux musées, que l'on compte ouvrir dans peu de temps, notamment un Musée d'histoire naturelle, un Musée d'ethnographie, et un Musée de l'art ancien du Caucase et de l'Orient. Un immense corps de bâtiment est en construction pour le musée de Géorgie. La bibliothèque publique de Tiflis renferme 500.000 volumes. La Bibliothèque de l'Ancienne Société pour la Diffusion de l'Instruction Elémentaire constitue un fonds de livres exclusivement géorgiens de la plus grande valeur.

Autrefois, il n'y avait en Géorgie, en dehors des filiales des sociétés russes, qu'une seule association savante, la Société d'Histoire et d'Ethnographie. Elle embrassait presque toutes les branches du savoir. Actuellement, le nombre des savants de diverses catégories s'est accru, et, en même temps, se sont formées des sociétés scientifiques spécialisées, à côté de la Société d'Histoire et d'Ethnographie : la Société de Géographie, l'Association des Naturalistes et des Médecins, la Société ethnologique des Arméniens de Géorgie. Parmi les nouvelles institutions d'ordre scientifique : l'Institut Cartographique, l'Institut Géologique, l'Institut des Langues Caucasiennes ; la Station Biologique de Batoum.

La nationalisation des écoles a posé la question d'une terminologie scientifique et scolaire. C'est l'objet des travaux du Comité Terminologique, qui a déjà adapté au géorgien les termes scientifiques et techniques.

Les Beaux-Arts en Géorgie.

Les Géorgiens ont le culte de leurs chansons nationales. Toute une phalange d'artistes et de chercheurs fouillent dans ce secteur harmonieux du passé, pour y retrouver des reliques spirituelles et aussi pour mieux savoir adapter aux émotions des jours actuels les secrets expressifs du génie national. Le gouvernement de la Fédération Caucasienne et le gouvernement de l'Union Soviétique encouragent vivement cette exploration dans la belle tradition ancienne, et des recueils de chants et de musique géorgienne ont été publiés en grand nombre par les soins de l'État pendant ces dernières années.

Le Conservatoire d'État dirige l'éducation musicale pour toute la République. Outre ce Conservatoire, il y a cinq technicums et sept écoles de musique ouverts dans les régions ouvrières.

Le théâtre de l'Opéra de Tiflis est une gloire nationale. Les Géorgiens sont très fiers de posséder actuellement dix opéras géorgiens originaux dont cinq sont déjà entrés dans le répertoire.

En 1922, a été fondée l'Académie des Arts qui

comprend actuellement 1919 étudiants. A cette Académie se rattache une section architecturale, où les prestigieuses réalisations de l'art national sont particulièrement étudiées. Dans toutes les écoles d'art, les minorités ethniques : Arméniens, Russes, Turcs, ont les mêmes droits que les Géorgiens. Les étudiants géorgiens figurent dans les écoles d'art pour 45 %, les Arméniens 28 %, les Juifs 13 %, les Russes 11 %.

Les Éditions d'État en Géorgie.

Les Éditions d'État de Géorgie se sont surtout attachées à la publication des manuels scolaires, des livres d'éducation, et des classiques géorgiens. Elles sont arrivées à fournir les écoles du 1er et du 2e degrés. Elles accordent cependant une place grandissante à la littérature moderne, nationale ou internationale.

En 1921, la production de l'Édition d'État était de 23 livres tirés à 101.570 exemplaires. En 1925, elle était de 159 livres avec 825.500 exemplaires. La section des éditions enfantines, qui est l'objet là-bas d'une sollicitude particulière, a été créée sous le régime menchévik. Après cinq ans de soviétisation, sa production a exactement doublé. De plus, en l'année scolaire 25-26, la section artistique qui s'occupe des éditions enfantines a

fait paraître différents journaux destinés aux en‑
fants, et qui représentent 110.000 exemplaires.

Outre les Éditions de l'État, il existe dix so‑
ciétés par actions qui font de l'édition.

La liberté, et, bien plus, l'encouragement, ap‑
portés désormais à la culture locale, ont donné
lieu à une véritable renaissance de l'art national et
de la littérature nationale, refoulés grossièrement
par le tsarisme. Ce sont là les bienfaits de
l'émancipation et du libre échange de la cul‑
ture. Cette éclosion n'est encore qu'à son début,
mais déjà en Géorgie comme dans l'Arménie et
l'Azerbaidjan — comme aussi dans les autres
républiques originales de l'U. R. S. S. : Ukraine,
Russie Blanche, se forment des groupes d'affi‑
nités entre écrivains et artistes en vue du réveil
d'un pur et profond classicisme. Et le temps ap‑
portera l'afflux des œuvres, et sans doute les chef‑
d'œuvre, dans ces voies ouvertes, où la tradition
nationale d'art se vivifie du glorieux idéal révolu‑
tionnaire et d'une nouvelle morale sociale.

Nous pouvons être bien sûrs que si sur le terrain
économique et social, la lutte est engagée entre
la vieille société capitaliste forte du massif passé
où elle s'implante, et la jeune société socialiste
forte de l'avenir, un autre duel aussi s'ouvrira
entre le jeune art de vie et de profondeur, et notre
littérature « bourgeoise » quintessenciée et trop
habile, réduite au divisionnisme infinitésimal,
à la manie de l'analyse abstraite, à l'hypertrophie
individualiste, et à la caricature.

La santé publique en Géorgie.

Les bolchéviks disent que les mots d'ordre de
la médecine soviétique, proclamés par la Révolution d'Octobre, sont : la gratuité, l'unité, l'ac-
cessibilité, et le relèvement du niveau professionnel.

Pour arriver à la réalisation de ces principes
de base, on a centralisé tout ce qui touche au
domaine de la médecine et de l'hygiène entre
les mains du Commissariat de la Santé Publique
de Géorgie. Celui-ci s'est trouvé en présence d'une
situation lamentable motivée par l'ignorance et
les préjugés de la masse, par l'insuffisance, la
pauvreté, et aussi par le désarroi, des mesures
prises jusque là et des maigres services existants.

Dès son entrée en fonctions, le Commissariat
de la Santé dut consacrer toutes ses forces à
lutter contre les épidémies de choléra et de
typhus. Il intéressa à cette lutte les représentants
des organisations ouvrières et les Comités Exécutifs locaux avec tout leur appareil d'action. Il
mena la bataille pour ainsi dire publiquement et
avec l'appui coordonné de tous. Les épidémies furent rapidement enrayées.

Malgré l'état arriéré de la salubrité publique
et les obstacles qu'il rencontrait à chaque pas

dans un domaine où tout était à faire, le Commissariat entreprit l'œuvre d'assainissement général par un réseau d'organisations qui se développèrent d'année en année. La situation est encore loin d'être satisfaisante, bien qu'en progrès considérable sur celle qu'on pouvait constater dans les régimes antérieurs : pendant le tsarisme il y avait en Géorgie trois établissements pour isoler les malades contagieux. Il y en a à présent onze ; en 1914, deux locaux de désinfection, maintenant 46 ; trois laboratoires, maintenant 64 ; un institut Pasteur, maintenant, 4.

Sous le régime soviétique, ont été créées des institutions de grande action comme l'Institut Bactériologique, l'Institut de l'Hygiène, le Musée de l'Hygiène sociale, l'Institut pour l'étude des maladies professionnelles. La vaccination obligatoire a été décrétée. On a créé, classé, et équipé, ce qui n'avait jamais été fait, des stations régionales de cure et de repos qui jouent un rôle considérable dans le problème de l'assainissement de la population.

La tuberculose. Elle est très répandue en Géorgie, surtout en Géorgie occidentale. Une des organisations les plus utiles dans la lutte contre la tuberculose est le dispensaire, qui s'occupe en même temps du traitement des malades, de l'étude générale du fléau, et de la propagande anti-tuberculeuse. On a déjà mis en œuvre quatre dispensaires. Le travail du dispensaire est mené avec le concours d'un Conseil d'Aide Sociale qui lui est attaché, et des « cellules pour la santé publique » qui sont établies dans chaque institution et organisme d'État.

On a largement ouvert aux travailleurs les stations climatériques, très nombreuses en Géorgie et strictement réservées sous le tsarisme au repos et aux distractions des classes privilégiées. Indépendamment des maisons de repos, on compte en Géorgie 10 sanatoria avec 1.200 lits.

Le rendement des eaux minérales a été intensifié : en 1920 les célèbres sources de Borjom fournissaient 383.000 bouteilles ; actuellement, 5 millions.

Dix dispensaires pour les maladies vénériennes, et un grand nombre de laboratoires. En ce qui concerne la malaria qui sévit d'une façon endémique dans certaines régions (sur 10.000 habitants, 136 en sont atteints) un « Comité Central contre la malaria », composé de représentants de toutes les institutions et organisations, a mené la lutte. Actuellement, 13 stations antimalariques et 2 instituts de maladies tropicales.

Le Commissariat de la Santé Publique a créé et développé l'instruction sanitaire, pour lutter contre les devins et sorciers des villages, et, en général, servir de base à tout travail sanitaire. A Tiflis, on a fondé une maison centrale de l'Instruction Sanitaire et un Musée d'Hygiène Sociale. Les centres régionaux, ainsi que les dispensaires, élaborent des expositions permanentes d'hygiène et de santé. Les isbas-bibliothèques reçoivent aussi le matériel nécessaire pour faire des expositions de cette nature.

Dans le domaine de la protection de la mère et de l'enfant, les Soviets ont trouvé aussi beaucoup à faire. La mortalité infantile en Géorgie avait toujours été très élevée à cause de la pauvreté et du bas niveau culturel de la population. En 1921, on trouvait en Géorgie trois centres de consultations pour les nourrissons. Aujourd'hui, il y en a 22. Ces « consultations » ont une importance de premier ordre, car elles servent d'une façon générale d'écoles aux mères. Non seulement elles combattent la mortalité infantile et les maladies de l'enfance, font campagne en faveur de l'allaitement, mais elles luttent aussi contre les maladies sociales. Notons encore : six centres de consultations pour femmes enceintes, six crèches, trois asiles pour enfants, spécialement surveillés par des médecins. Avant la soviétisation, il y avait dix médecins surveillants, maintenant il y en a 44. Le Commissariat de la Santé s'occupe aussi de développer et de rationaliser la culture physique.

Hôpitaux. Sous le tsarisme, la Géorgie possédait 38 hôpitaux, au temps du pouvoir menchévik, 45 ; actuellement ils sont au nombre de 83 avec 4.265 lits. Il est équitable de remarquer qu'à cet accroissement quantitatif s'ajoute un très grand progrès qualitatif. Certaines sections consacrées à des affections spéciales ont été considérablement perfectionnées, d'autres créées de toutes pièces : les Sections de Physiothérapie, d'Urologie et d'Otorhynolaryngologie.

Les dispensaires étaient naguère au nombre

de 7 ; actuellement, 143. Les cabinets odontologiques, 4 avant la soviétisation, 57 maintenant.

Le réseau du secours médical rural s'étend et se multiplie. Pendant le tsarisme, 36 stations d'aide médicale. Pendant le régime menchévik, 188. En 1927, 270.

Assurances médicales. Aux beaux jours impériaux, les caisses d'assurance ne desservaient qu'une partie négligeable de la foule travaillante : 5.000 individus au plus, et pourtant les frais d'assurance retombaient pour la plus grande part sur les travailleurs eux-mêmes. Le pouvoir soviétique a décrété l'assurance obligatoire de tous les ouvriers et employés, ainsi que de leur famille. Au moment actuel, la Géorgie compte 112.461 assurés, 400.000 en réalité, si l'on met en ligne les familles. Les assurés ont libre accès non seulement dans les dispensaires et les hôpitaux spéciaux, mais dans toutes les institutions médicales de la République, où ils jouissent gratuitement de l'aide médicale sous toutes ses formes.

L'aide médicale est gratuite pour les paysans pauvres.

Ce tableau de la situation actuelle de la Géorgie, dont je pourrais multiplier ou accentuer bien des traits en me laissant aller à la tentation de prendre des exemples particuliers observés sur place, suffit pour montrer avec leurs véritables figures ceux qui sont venus ouvrir dans la vieille

Géorgie, dans la Géorgie neuve, « les grands
jours du travail quotidien ».

Certes, les statistiques telles que celles que j'ai
alignées jusqu'ici sont en état de modification
constante. C'est qu'une fois écrites, elles se
posent, fixes, devant un panorama en mouvement. De nouvelles données se forment sur les
données d'hier et même d'aujourd'hui. Pourtant,
il faut des chiffres pour prouver. Je voulais n'en
pas mettre, je n'ai pas pu. Alors que la vérité
historique est le seul but de guerre, c'est avec
des faits et des chiffres qu'il importe de mener
le combat, et non avec des thèses et des plai-
doyers qu'on peut tourner dans tous les sens de
la vie. Cette cote économique de la Géorgie, pour
provisoire qu'elle soit, établit une constatation
qui a une valeur éternelle : les poids comparés
des résultats des trois régimes qui se sont superposés sur la terre géorgienne. Les faits jettent à
bas cette légende odieuse d'un pays soi-disant
opprimé et martyrisé par ceux qui, en réalité,
l'ont sauvé.

Indépendamment de sa participation annuelle
au budget de la Géorgie, le gouvernement central de l'U. R. S. S. subventionne sur une énorme
échelle, nous l'avons vu, la reconstruction économique de la république.

La dotation de l'U. R. S. S. destinée à combler
le déficit du budget en Géorgie, est à présent en
diminution, parce que ce déficit l'est également.
En 1926, le budget géorgien était de 22.789.999
roubles et la dotation de l'U. R. S. S., de

7.124.000. En 1927, le budget était : 24.889.431 roubles et la dotation 5.924.000.

Dès lors, quel jugement devons-nous porter sur chaque mot de cette assertion contenue dans le manifeste menchévik géorgien adressé à la Société des Nations en août 1924 : « Le gouvernement de Moscou prélève en Géorgie des impôts écrasants pour faire face à des dépenses qui n'ont rien de commun avec les besoins de la Géorgie » !

Et quel jugement sur toute la série des accusations précises qui sert d'arsenal officiel et officieux aux acharnés exploiteurs de la « Question de Géorgie » : « Les déprédations artistiques, la ruine économique, la famine, l'arrêt du travail, la misère, l'anéantissement de la culture, etc... » (M. Raymond Duguet). — « Le peuple géorgien, livré à la merci d'une horrible dictature, lutte contre l'ennemi et contre la famine et les épidémies. » (Mémorandum à la Société des Nations, 1922). — « Le pays est transformé en un champ de carnage. » (Appel du Comité de l'Indépendance de la Géorgie, 1923). — « Toute manifestation de la vie nationale est impitoyablement réprimée. L'art, la littérature, la langue même, sont en péril... Les biens du peuple sont accaparés par des éléments étrangers au pays... Cette nation est menacée d'anéantissement physique, ses richesses matérielles et morales disparaissent. » (*Ibid.*)

L'ARMÉNIE

La belle Arménie gris perle, avec la dentelle festonnée de l'Ararat à l'horizon, l'Arménie pour qui le torrent historique fut si inexorable jusqu'ici, nous montre une destinée très pareille à celle de la Géorgie, sinon que, sortie de plus bas encore, plus profondément mutilée et dépouillée, son relèvement est plus éclatant.

Là-bas aussi, je me suis mêlé à tous les divers milieux, de la base jusqu'au sommet de la grande pyramide que constitue en bloc un état soviétique : les paysans et les ouvriers, les étudiants, les artistes, les savants, jusqu'aux hommes si sagaces et si bienveillants qui composent à l'heure actuelle le collège des dirigeants de l'Arménie régénérée...

Que de souvenirs émouvants comme des événements ! Que de décors d'illumination sur la terre de pastel gris aux villages cubiques ! Les nuits d'Érivan sont aussi belles que celles de Tiflis, dont l'azur noir est si pur et l'éclairement

si vif qu'il semble, lorsqu'on la contemple de la
hauteur du « mama » David, ou des bords d'une
fenêtre ouverte, qu'une éternelle fusée est posée
sur la ville nocturne. Comme Bakou, au-dessus
de laquelle les pistes aériennes m'ont porté, j'ai
regardé souvent Érivan tout entière d'un seul
coup, de la grande corniche qui monte en spi-
rale vers la montagne, et le regard qui plonge
sur l'antique capitale ressuscitée, compte et mesure les taches blanches neuves sur la vieille
tache sombre, le passé et l'avenir, et l'un qui
se dépêche de surmonter l'autre. Il y a dans
la signification de ces vastes paysages quelque
chose de plus beau encore que leur beauté.

Je voudrais être bref dans l'énumération des
chiffres qui sont à poser ici. Je n'ai point la prétention de faire œuvre encyclopédique, j'ai seulement l'ambition de marquer les points saillants
permettant de tracer le cadre et les courbes
d'une situation de fait. Inutile d'entrer dans le
détail, et encore plus, d'ornementer les chaînons
d'une constatation qui est en même temps un
raisonnement.

L'Arménie soviétique a une superficie d'environ 31.000 kilomètres carrés. C'est à peu près
mille kilomètres de plus que celle de la Belgique.
Les extravagances nationalistes des dachnaks ont
abouti à l'annexion par la Turquie de la presque
totalité des anciennes provinces arméniennes
russes de Kars et de Sourmalou.

La population — dans les frontières actuelles

— était avant guerre, de 980.000 personnes. En 1922, ce chiffre était tombé à 781.000. Quoique le recensement du 17 décembre 1926 donne 880.464 personnes, on peut évaluer raisonnablement le nombre des habitants actuels, en tenant compte de la population flottante qui régulièrement, et par nappes, va et vient en Turquie et en Géorgie, et se trouvait à son point éloigné à l'époque du cens, à 930.000 âmes (Arméniens, 790.000 ; Turcs, 93.000). Cette population est en voie d'accroissement très rapide. C'est ainsi, par exemple, que la population de la capitale, Érivan, qui pendant les dix-sept dernières années du tsarisme avait augmenté de 3.000 personnes, a augmenté en trois ans, de 1923 à 1926, de 17.000 habitants (Érivan, 64.614 habitants ; Léninakan, 42.000).

L'Agriculture en Arménie.

Commençons par l'agriculture, puisque aussi bien, l'Arménie est un pays essentiellement agricole, comme la Géorgie (sans perdre de vue que l'objectif principal poursuivi actuellement tend à l'industrialisation, et qu'on considère l'agriculture surtout en fonction de l'industrie).

La superficie des terrains cultivés a dépassé en

1927 le chiffre d'avant-guerre, de 7 1/2 %. Le rapport de la production agricole se chiffre ainsi (en milliers de roubles or) : avant guerre, 45.245 ; en 1923, 26.523 ; pour les neuf premiers mois de l'exercice de 1926-27, 38.213.

Il est à noter que la récolte de 26-27 a été, au dire des experts, de 10 % au-dessous du rendement normal (sécheresse).

Il est à noter aussi que certaines cultures comme celle de l'orge, comme celle du tabac, et comme celle du coton, sont en baisse sur l'année dernière. Bien que ces diminutions soient compensées, comme les chiffres d'ensemble ci-dessus l'indiquent, par les résultats d'autres cultures, il n'y en a pas moins pour le coton et pour le tabac (non pour l'orge qu'il est plus avantageux de remplacer par d'autres céréales), une situation qui appelle en ce moment toute l'attention du Commissariat de l'Agriculture.

L'augmentation du bétail (l'élevage du bétail est une branche capitale de l'économie agricole arménienne), est partout très grande. On peut signaler notamment, sur les chiffres de 1914 une augmentation de 25 % pour les chevaux de somme, de 21 % pour le gros bétail, de 18 % pour le menu bétail, de 23 % pour les chèvres, ces « vaches du pauvre ». Quant aux porcs, qui sont des métèques dans le pays, étant donné que des intrigues musulmanes les avaient jusqu'ici éliminés d'Arménie, ils se répandent, et il existe trois dépôts de reproducteurs sélectionnés.

Ce qu'il importe avant tout de constater, c'est

qu'à l'absence totale de plan de l'économie agricole, la soviétisation a substitué méthodiquement, dans toutes les voies èt en tenant compte de tous les besoins et de toutes les possibilités, une organisation intelligente, qui ne va pas sans dépenses considérables.

Ce vaste travail que centralise le Commissariat de l'Agriculture d'Arménie porte : 1° sur l'éducation des paysans, technique et pratique ; 2° sur le développement scientifique de l'agriculture par les essais, les sélections, l'étude des terrains et des conditions agronomiques ; 3° sur la création d'un grand nombre d'institutions spécialisées chacune dans une besogne indispensable, et qui travaillent parallèlement et en liaison ; 4° sur de très importantes entreprises de travaux publics : usines électriques, irrigation, voies de communication, etc... et sur la fourniture de machines agricoles.

350 hectares de terrain sont consacrés aux démonstrations et aux expériences, dans le but de déterminer les meilleures espèces, les semences de qualité, les méthodes de culture les plus efficientes. 37 stations de machines agricoles de location (203 tracteurs). 37 stations de vérification gratuite des semis. Office spécial de sélection des animaux dans presque tous les grands villages. Instituts et services rayonnants de contrôleurs et d'inspecteurs pour les maladies des animaux domestiques. Centres et établissements pour la lutte contre les insectes et tous les animaux nuisibles ; écoles vinicoles ; jardins de

fruits contenant d'admirables pépinières. (Ce paradis terrestre gonflé de saveurs de fleurs et de parfums de fruits, bain de fraîcheur et de couleurs, au bord de la route de cendre, à Érivan !) Grâce aux mesures systématiques qui ont été prises sans répit, on a enrayé diverses épidémies, notamment celle du bétail, celle des arbres fruitiers, et une autre qui sévissait sur les fleurs du coton. Une nouvelle espèce de pomme de terre a été essayée avec succès (1). Chacun des 37 arrondissements administratifs à ses agronomes instructeurs. Les centres agronomiques, auxquels sont rattachés, comme je l'ai dit, un magasin de louage de machines et un stock de graines sélectionnées, organisent des leçons de choses (parcelles modèles), des cours publics, la diffusion de brochures sur tout sujet intéressant la vie rurale.

Une station spéciale d'horticulture a été créée en 1927. Chacune de ces trois sections possède un laboratoire, un cabinet d'études, et une bibliothèque.

Avant de remettre aux paysans les machines modernes, charrues à vapeur, etc..., pour remplacer le vieil outillage périmé qu'on voit encore fonctionner par places en Arménie comme en Géorgie, avec des cortèges de bœufs tirant la charrue, l'inspection spéciale de l'outillage créée

---

(1) Grâce à la sélection et à des méthodes de culture appropriées, on est arrivé à faire rendre en Transcaucasie à la betterave 14 o/o de sucre, alors que dans l'Ukraine, office sucrier de l'U. R. S. S., elle ne donnait jusqu'ici que 9 o/o. De même, on peut envisager désormais une productivité presque double à la déciatine, du froment.

par le Commissariat a organisé des cours pré-
paratoires de mécaniciens.

La sériciculture est en grand progrès. Le revenu de cette année atteint 437.000 roubles.
30.000 boutures de mûrier et 50.000 boîtes de
graines ont été distribuées gratuitement aux
paysans. On vient d'achever la construction
d'une fabrique de soieries dont les machines sont
attendues.

L'élevage d'une truite de grande dimension
qu'on appelle « prince », a été entrepris dans le
lac Sévan, qui mesure 1.400 kilomètres carrés,
et aussi, on a obtenu l'acclimatation d'espèces
étrangères de poissons dans les eaux de ce lac.
Cela a donné déjà de remarquables résultats. J'ai
vu des pêches quasi miraculeuses refluer sur les
grèves du Sévan. Cette année, on a pêché en
Arménie 20 millions de poissons.

L'étendue du domaine forestier de l'Arménie
est de 320.214 déciatines, qui relèvent de 11 établissements forestiers. On s'est occupé en même
temps à reboiser certains espaces et à exploiter
rationnellement les forêts. En 1926-1927, le revenu des forêts arméniennes était de 269.767
roubles. De même, les pâturages ont été rationnellement recadastrés et aménagés. Aux éleveurs
locaux, on a distribué 212.000 déciatines, et à
ceux venant de Géorgie et d'Azerbaidjan, presque
autant : 206.000.

Il faudrait tout un chapitre pour énumérer les
travaux achevés ou entrepris en vue de l'irrigation, la sécheresse de toute la Transcaucasie

étant très grande et la culture nécessitant presque partout l'arrosage artificiel (avant tout, celle du coton). L'étendue des terrains irrigués était en 1926-27, de 105.000 hectares.

La répartition des terres a été faite aux paysans en conformité de la décision de la 5ᵉ Session des Soviets d'Arménie. Cette répartition englobe 1.085 villages et 738.000 habitants. Elle a été menée de pair avec un meilleur aménagement des terrains par suite des nouveaux réseaux de voie d'accès et de canaux d'irrigation. Toutefois, nous retrouvons ici, quoique en proportions beaucoup moins considérables, le cas de force majeure qui a empêché en Géorgie la répartition intégrale des terres : il y avait, lors de la première répartition, plus de 100.000 paysans émigrés de Turquie qui n'ont pu être dotés de champs ; 65.000 de ces non-lotis sont maintenant pourvus. Il en reste 40.000 qui, dénués de leur socle de terrain, sont obligés de travailler comme manœuvres. Le Commissariat de l'Agriculture a dépensé cette année 387.000 roubles pour la transmigration en des milieux moins denses, de ce surplus de travailleurs désavantagés par la force des choses dans la région où ils s'étaient fixés. A chacun il est alloué pour la transmigration, 316 roubles.

Il existe en ce moment en Arménie 223 coopératives agricoles, dont 41 de crédit. Le nombre des « économies » (unités d'exploitation personnelles ou familiales), englobées dans les coopératives, est de 45.315. Le 1ᵉʳ octobre 1927, le nombre des membres des sociétés de crédit agricole atteignait 25.526 personnes. Par l'intermédiaire de ces sociétés de crédit, l'État a distribué près de 5 millions de roubles de crédit (65 millions de francs), dont la moitié à long terme.

Les exportations de l'Arménie consistent principalement en tabac et coton (actuellement en baisse légère), en soie, fruits frais et secs (jusqu'en Europe), poissons, cognac, vin, eaux minérales.

L'Industrie en Arménie.

L'héritage industriel recueilli par le pouvoir actuel était plus que misérable. Il se composait surtout de décombres. Et les quelques fabriques, d'ailleurs délabrées, qui subsistaient, étaient comme disent les techniciens, plutôt des « ateliers ménagers », ou « semi-ménagers ». Au reste l'industrie arménienne n'avait guère, à aucun moment, franchi ce stade primitif. Jadis, par exemple, les ateliers des mines de Ghatar et d'Allahverdi étaient des installations rudimentaires, sans « équipement », et le transport du minerai à l'usine se faisait à dos d'homme. Le seul établissement qui fît à peu près figure d'usine était, en tout et pour tout, la Distillerie d'Ararat.

En 1912, dans la balance de l'économie géné-

rale du gouvernement d'Érivan, la contribution
de l'industrie était seulement de 17 % par rapport à l'agriculture. Ce pourcentage était tombé
beaucoup plus bas encore en 1921, au moment de
la soviétisation. En relevant les entreprises ruinées,
le gouvernement soviétique fit monter graduellement la participation de l'industrie dans l'économie publique, en 1923 à 7 %, en 1924 à 13 %,
en 1925 à 16 %, en 1926 à 20,2 %. A noter que
l'industrie arménienne du cuivre dont la réorganisation a commencé en 1924, est loin d'être
complètement rétablie. Elle est tout juste à la
moitié de son rendement d'avant-guerre.

L'Arménie possède de très grandes richesses
naturelles (cuivre, plomb, argent, zinc, fer,
pierre ponce). L'exploitation étudiée et systématique des ressources du sol constitue la première
partie du programme du Commissariat d'Economie Publique de la République Arménienne. En
second lieu, son travail doit porter sur l'amélioration et l'extension de l'industrie manufactu-
rant les produits agricoles régionaux. En troisième lieu, il s'agit d'utiliser les ressources que
présente l'Arménie en houille blanche. Enfin, les
efforts du gouvernement doivent porter sur l'é-
ducation et l'instruction technique des travailleurs, de façon à s'adjoindre dans l'œuvre
énorme de reconstitution qu'il a entreprise et en
partie menée à bien, la collaboration consciente
et intelligente des masses.

Une grande usine hydroélectrique a été commencée l'année dernière à Dzoraket. Au même

endroit, une usine est en construction pour le traitement du calcium.

L'industrie des peaux a été mise pour ainsi dire tout entière en train. On a transformé en véritables ateliers les deux méchantes boutiques de corroyeurs qui représentaient cette industrie en Arménie. Déjà, la machine y remplace la main-d'œuvre humaine pour 50 %.

On a construit une grande imprimerie à Erivan, avec des machines de modèle nouveau et des linotypes. Un atelier de réparations et de travaux mécaniques, sera prêt avec tous ses annexes, logements ouvriers, magasins, en 1928. 500.000 roubles ont été consacrés à l'achat de machines et d'outils pour l'extraction du cuivre. En l'année 1926, il a été construit à Erivan une usine capable de fournir annuellement mille tonnes de carbure de calcium.

L'industrie textile n'existait pas en Arménie. Le coton récolté était entièrement exporté. A Léninakan on achèvera cette année l'installation industrielle de 40.000 broches et 800 métiers (15.000 broches offertes par le gouvernement de Moscou).

Dans l'exploitation des carrières, aux moyens préhistoriques employés jusqu'ici en Arménie, on a substitué des procédés mécaniques qui rendent le prix de revient de la pierre douze fois moins élevé. On procède à des essais et à des expériences pour les diverses utilisations, très nombreuses dans la construction et dans l'industrie moderne, du basalte.

En 1925, on a commencé en Arménie à bâtir des logements pour les ouvriers. La progression normale de ce travail a été retardée par les conséquences du tremblement de terre de Léninakan. On étudie spécialement des formules de construction de qualité, à bon marché.

Certaines industries ont subi des fluctuations et quelques-unes marquent une baisse, notamment la distillerie, le textile et les peaux. Pour d'autres, et notamment le cuivre et « le blanc préparé », l'augmentation est très importante. L'usine hydroélectrique d'Erivan a produit en 1926, 1.152.202 kilowatts-heures.

Les stagnations et les légers fléchissements partiels (qui n'empêchent pas la progression de l'ensemble) proviennent de causes diverses dont les dirigeants soviétiques se rendent parfaitement compte. C'est ainsi que pour l'industrie des peaux, le commerce privé en écoulait jusqu'ici une très grande partie : 68 %. On a voulu intervertir la proportion, et au prix d'une crise passagère, on est arrivé à confier la vente des peaux au Commerce d'Etat et aux coopératives dans la proportion de 83 %.

Sans parler de certaines lenteurs et manques de méthodes, presque inévitables dans l'encombrement d'une si vaste besogne de remise au point, le Commissariat de l'Economie Publique d'Arménie signale la difficulté qui résulte du manque d'ouvriers qualifiés et en général de la non préparation des travailleurs industriels. Par suite de cet état de choses qui fait que dans bien

des cas, les usines nouvelles n'apparaissent encore
que comme des écoles, la productivité ne suit
pas, comme cela devrait être, l'augmentation régulière et constante du salaire. C'est pourquoi
l'éducation du travailleur industriel, lequel vient
la plupart du temps des villages, fait partie intégrante de la tâche de relèvement de l'industrie,
et le gouvernement lui donne l'impulsion
maxima.

L'ouvrier arménien a un certain retard sur
l'ouvrier russe dans la voie du développement
technique et dans celle de la conscience sociale
— deux voies dont les bolchéviks, par une prodigieuse synthèse, ont fait une seule et même
voie. Le rendement professionnel de l'ouvrier
russe a augmenté rapidement. Il a presque doublé
en trois ans, de 1923 à 1926, et dès 1925, les
journées utiles du travailleur industriel russe
étaient en moyenne de 262 par an. L'ouvrier arménien, sorti des campagnes et moins préparé,
n'a pas accompli une progression aussi accusée :
dans les usines de cuivre de *Novembre Rouge*,
par exemple, l'ouvrier ne fournit en moyenne
actuellement que 242 journées par an. Aussi,
redoublement d'efforts de la part des dirigeants,
lesquels interprètent aussi bien dans le sens de
l'éducation socialiste matérielle et « morale »
des bâtisseurs manuels de la société nouvelle, que
dans le sens de l'amélioration de leur situation
économique, la décision du X⁰ Congrès du Parti
Communiste Russe concernant les diverses Républiques de l'Union : « Le problème du P. C.

consiste à aider les masses ouvrières non grandes-russiennes à rattraper la Russie Centrale, qui les a devancées. »

Nous devons pourtant enregistrer ici l'admirable et long effort de solidarité socialiste accompli par les travailleurs arméniens : 240.000 heures de travail gratuit pour l'œuvre de reconstruction.

Le salaire moyen des ouvriers arméniens est de 44 roubles 50 kopecks par mois (l'ouvrier du cuir, 76, le typographe, 62).

La production industrielle de l'Arménie, dans ses frontières actuelles, se montait avant-guerre à 10.277.000 roubles. En 1923, elle était de 2.408.000 ; dans les neuf premiers mois de l'exercice 1926-27, de 9.222.000 roubles.

Il y a en Arménie, indépendamment de l'industrie d'Etat proprement dite, des entreprises industrielles régionales s'occupant surtout de la fourniture des matériaux de construction, et qui sont entre les mains de diverses associations de citoyens. Livrée à elle-même et manquant de moyens, cette industrie régionale périclite. Le gouvernement a décidé de se tourner vers elle, et de lui donner en même temps que des capitaux et du matériel, les directives et une méthode dont elle a tout autant besoin que d'aide concrète. Le Commissariat de l'Economie prétend « l'ajuster dans un cadre de programme ».

Il y a aussi l'industrie ménagère (à domicile). Le personnel de cette industrie semé à travers l'Arménie, était en 1925 de 7.613 personnes. L'industrie ménagère a été prise en mains par des coopératives ménagères dont le nombre a rapidement augmenté (11 avant 1927, 45 après). Mais le capital de roulement de ces coopératives est insuffisant. A partir de l'année prochaine le gouvernement interviendra pour s'occuper activement — et financièrement — de l'industrie ménagère, et lui donner les moyens de se développer.

Le grand Plan de reconstitution de Cinq Ans, dont la mise en œuvre a été effectivement entreprise depuis un an par le gouvernement soviétique arménien, réclame pour sa réalisation dans le seul secteur industriel, 43.317.100 roubles (dont 9 millions et demi pour la construction de logements ouvriers).

L'Hygiène Sociale en Arménie.

Avant la guerre, il n'y avait pas en Arménie le moindre service public se préoccupant de l'hygiène et de la santé des sujets du tzar. Un docteur était là-bas un oiseau rare, sauf dans les palais des grands de la terre.

Les Soviets ont eu, encore une fois, tout à faire : les 15 hôpitaux que renfermait l'Arménie ne méritaient guère ce nom et contenaient 150 lits en tout. A présent, il y a 19 hôpitaux dans les villes et 15 dans les villages, et le nombre de lits d'avant-guerre doit être multiplié par 20 — sans compter les services hospitaliers spéciaux de différentes organisations : Chemins de fer, Armée, Croix-Rouge, etc... (subventionnés par l'Etat). A la place de la vingtaine de médecins qui erraient autrefois des villes aux villas d'Arménie, il y en a maintenant 450, dont 170 dépendent directement du Commissariat de l'Hygiène et du budget de l'Etat. L'année dernière, ils ont fait un million et demi de visites ; 18.000 malades sont passés dans les hôpitaux (et cela ne veut pas dire qu'il y ait plus de malades qu'autrefois !). Il y a eu 2.700 conférences de médecins dans les villages (140.000 auditeurs), 16 brochures ont été distribuées gratuitement à des milliers d'exemplaires, et plusieurs millions de tracts. De nombreux laboratoires ont été aménagés avec un outillage moderne. Les savants qui y sont attachés gagnent de 125 roubles à 600 roubles (soit 7.800 francs), par mois — mais 225 roubles seulement au maximum, quelles que soient leurs fonctions et leur importance, s'ils sont communistes, selon la loi soviétique (il n'y a pas avantage matériel à être communiste dans l'U. R. S. S.) On a organisé sur une très grande échelle et par un grand nombre d'initiatives et de créations adéquates, la lutte contre les maladies sociales : maladies des yeux, maladies vénériennes (apportées, comme de juste, par la guerre) et surtout contre le paludisme. 13 hôpitaux spéciaux pour la malaria : inspection des terrains, destruction des moustiques, assèchement des marais.

Contre la tuberculose, on a institué deux visites médicales par an pour toute la population. Je n'oublierai pas ce que m'a dit le Commissaire de l'Hygiène sur « les précautions » et la mansuétude apportées par le corps médical vis-à-vis du paysan afin de vaincre sa méfiance instinctive devant l'étranger savant qui entre dans sa maison, et combien ces hommes prennent soin que le paysan les considère non pas comme des fonctionnaires ou des juges, mais comme des amis effectifs et des collaborateurs indirects de son travail. On fait placarder des affiches (les pouvoirs officiels causent volontiers avec les populations par affiches) pour proclamer que la maladie, quel que soit son nom, n'est pas une honte, mais un malheur.

De longs repos sont accordés aux femmes enceintes.

Il ne faut pas enfin passer sous silence les efforts accomplis pour faire profiter en premier lieu les Arméniens des précieuses sources thérapeutiques que renferme le sol de l'Arménie. Sur une centaine de sources, 18 sont de premier ordre. Cette industrie, entièrement réorganisée, est appelée, de plus, à prendre une place notable dans le commerce d'exportation arménien.

L'Instruction Publique, les Sciences et les Arts,
en Arménie.

Le régime tsariste ne s'occupait guère des écoles, comme on sait. Il ne s'occupait pas non plus des statistiques, mais on peut dire approximativement qu'il y avait dans le gouvernement russe d'Erivan une école pour cent kilomètres carrés, soit pour plus de 4.700 habitants. Cela devant donner environ 300 écoles. Dans la plupart, l'enseignement y était distribué en russe. Les écoles kurdes et arméniennes étaient des séminaires. Cet état de choses continua sous le gouvernement des dachnaks : Même inertie et inorganisation ; toutefois, on introduisit alors la langue arménienne dans les écoles primaires. Mais il faut ajouter qu'un des résultats de la gestion politique des dachnaks et de leur turbulence nationaliste fut la destruction matérielle presque complète de tous les bâtiments et accessoires scolaires.

A présent, il y a en Arménie 800 écoles, primaires et secondaires, et un écolier pour dix habitants : 95.000 élèves et plus de 2.000 instituteurs, 6 écoles pédagogiques pour les campagnes, des cours spéciaux pour achever l'éducation des instituteurs existants, deux technicums, deux instituts agronomiques vinicoles, 10 écoles agronomiques spéciales pour les paysans, 2 écoles pour les ouvriers qualifiés, 2 Facultés Ouvrières.

Une école Technique d'Art Industriel, un Conservatoire de musique, une École de musique élémentaire, une École de danse.

Une Université, avec cinq Facultés, 1.200 étudiants, 154 professeurs.

De plus, 565 foyers d'éducation élémentaire pour les illettrés. L'année dernière, 108.000 habitants de l'Arménie ont appris à lire.

Les aspirations traditionnelles des minorités sont satisfaites dans la plus large mesure : 163 écoles enseignent dans une autre langue que l'arménien : 115 en turc, 27 en russe, 4 en assyrien, 11 en kurde et 5 en grec.

Il y a un Théâtre du Gouvernement à Erivan. Un théâtre à Léninakan. Dans tous les cantons, des tournées théâtrales sont organisées, et à l'occasion des fêtes, des représentations sont données dans tous les villages. Les œuvres ont un caractère social très marqué, la mise en scène et les décors sont conçus selon les principes artistiques les plus nouveaux. Trois cinémas — j'ai vu à Erivan d'admirables réalisations sur l'écran. Dans tous les villages et clubs, tournées de films (vingt cinémas transportables).

36 postes de radio, 230 isbas-salles-de-lecture. Des bibliothèques dans chaque ville et dans chaque village important. Deux musées à Erivan, quatre dans le reste de l'Arménie, deux en projet.

Le réseau supérieur de ce vaste organisme éducatif a permis d'apporter une contribution importante à l'histoire, à la littérature et à l'art. Il existe actuellement un périodique, émanant de l'Université, et qui étudie spécialement l'histoire et la littérature arméniennes. Le dictionnaire des racines verbales, du professeur Adjarian, œuvre considérable, a été publié par l'Université, ainsi que la première partie du dictionnaire de langue arménienne que St. Malkhassian élabore depuis trois ans. De plus, l'Université a fourni des dictionnaires juridiques, médicaux, arméno-russe, militaires, etc..., des recueils de musique et de chants populaires arméniens.

L'Institut de Sciences et d'Art, fondé en 1926, a développé et approfondi l'étude de certains grands problèmes culturels. Il s'occupe aussi de stabiliser l'orthographe et l'alphabet arméniens.

Le mouvement en faveur d'une rénovation de la littérature et de l'art national basée sur l'utilisation des anciennes traditions artistiques, abandonnées et étouffées sous le tsarisme, pour l'expression d'un idéal nouveau, prend en Arménie une brillante extension. Là aussi, toute une pléiade de poètes, d'écrivains et d'artistes (notamment des architectes), vient au jour.

Est-il besoin d'ajouter qu'avant la guerre, il n'y avait pour ainsi dire pas d'éditions arméniennes ? Pendant les trente mois de joug dachnak, il y eut seulement trois livres édités. L'année dernière, les Editions d'Etat (Armengise) ont fait paraître 185 ouvrages divers représentant un million d'exemplaires, mis en vente par 14 librai-

ries. Pour l'année 1928, on peut prévoir une forte
augmentation des éditions.

Les vénérables et magnifiques monuments de
l'Arménie n'ont plus rien à craindre désormais
du pire ennemi des monuments : l'humanité.

Dans la mosquée d'Erivan, bleue et jaune, —
une des plus belles grandes choses qui soient au
monde, — de vieux Arméniens à l'âme persane
font passer interminablement leurs prières entre
leurs lèvres et leurs chapelets entre leurs doigts,
postés sur les dalles exquises, au bord du bassin
intérieur. Plus loin, dans cette cité byzantine et
persane, à l'âme chrétienne, qu'est Etchmiadzin,
le Vatican d'Arménie, vivent dans une douce sérénité quelques popes qui ont des physionomies de
professeurs à la Sorbonne. Ils m'ont montré le
trésor d'orfèvrerie et de soieries de leur cathé-
drale, après m'avoir salué, avec courtoisie, en un
français presque académique, au nom du Catholicos qui vieillit là doucement et papalement. En
face de cette église des églises, où une sorte de
momie hiératique est desservie par des ombres
sous un voile de cimetière, est un monastère,
transformé soviétiquement, lui, en une opulente
bibliothèque de vieux manuscrits versicolores,
que l'on soigne dans leurs longues vitrines comparables à des serres.

Et un peu plus loin, à travers le pays aux maisons argileuses encore identiques par places à
celles que décrivit Xénophon, et qui alternent
avec des chantiers en travail, à travers le pays où
il n'y a plus, depuis cinq ans, les mendiants et

les enfants errants qui sont sortis du sol pendant des siècles (mais où il y a encore des bardes qui ne vous demandent rien et vous donnent leurs mélopées), voici un vieux temple que les fouilles ont dégagé. C'est sans doute un temple du Soleil (la religion iranienne a rayonné particulièrement sur cette portion du monde). Ces ruines, dévêtues de terre et rangées, sont complexes comme celles d'une petite ville tronçonnée. Ces soubassements, ces moignons et ces socles d'enceintes, ce plan concret, aux pierres arrondies par le temps comme des galets, évoquent une époque située si loin qu'aucune date ne peut encore les saisir et que les savants qui viennent là, comme des ouvriers viennent à l'atelier, cherchent des signaux dans la brume légendaire.

Les Finances de l'Arménie.

Les données financières ne sont pas les moins émouvantes de notre enquête schématique.

Si l'on considère les dépenses de la République Arménienne, on est tout d'abord frappé de ce fait que les sommes affectées aux salaires des fonctionnaires, dirigeants et employés divers de l'administration centrale (Comité Central Exécutif, Comité Central du Parti, Gosplan, Intérieur, Justice, Instruction Publique, Santé Publique, Assurances Sociales, Agriculture), vont en diminuant depuis plusieurs années. En 1925 ces salaires représentaient 483.067 roubles ; en 1926, 467.359 roubles ; en 1927, 362.120 roubles. Cette courbe descendante se constate également en ce qui concerne les dépenses administratives et bureaucratiques proprement dites. Elles sont passées, en deux ans, de 159.000 roubles à 90.500 roubles. Par contre, les dépenses « opératives », ou « productives » de ces différents services, ont augmenté dans le même laps de temps de plus de 500 %.

Le budget de l'Arménie pour l'exercice 1926-27 est de 21.462.000 roubles. Principaux chefs de dépenses : agriculture (irrigation), 1.900.000 roubles ; industrie, 2.960.000 roubles ; électrification, 300.000 roubles ; crédits coopératifs et commerce d'Etat, 347.000 roubles ; sanatoria, 97.000 roubles ; instruction publique, 3.600.000 roubles.

Les recettes sont : les bénéfices des industries et entreprises d'Etat 907.000 roubles, les douanes 47.000 roubles, les impôts directs 6.894.000 roubles. En Arménie chaque famille paysanne de cinq personnes paye environ 7 roubles 12 kopecks d'impôts. Chaque paysan paye un rouble 43 kopecks. Les paysans riches payent davantage. A partir de 1928, le pourcentage des paysans pauvres exonérés est passé de 25 % à 35 %.

Le budget se trouve de la sorte en déficit d'une somme considérable : plus de 13 millions de roubles.

Cette somme est remise à la République Arménienne par la Fédération Caucasienne et par le
gouvernement central de Moscou. Les subventions accordées à l'Economie Nationale de la République soviétique d'Arménie de la part du
centre fédéral et de l'U. R. S. S. ont été, en 1924,
de 128.000 roubles pour le premier et 1.536.000
pour la seconde ; en 1925, de 1.765.000 et
5.635.000 ; en 1926, de 4.703.000 et 4.654.000.
En 1927-28, les sommes remises à l'Arménie par
les budgets de l'Union et de la Fédération atteindront environ 14 millions de roubles — 162 millions de francs.

L'AZERBAIDJAN

L'Azerbaidjan a une superficie qui est plus du double de celle de l'Arménie (72.000 kilomètres carrés). 2.300.000 habitants.

Bakou et le pétrole. Presque tout le remuement et le travail de la république convergent là.

Les données de l'exploitation du pétrole soviétique sont bien connues dans leur ensemble : en 1913, les nappes russes fournissaient 9.230.000 tonnes d'huile. En 1921, l'extraction du naphte était tombé à 4.623.000 tonnes. En 1927, elle atteint 11 millions de tonnes, c'est-à-dire beaucoup plus que le rendement d'avant-guerre. Dans l'histoire passée de la Russie, une seule année fut plus productive, l'année 1898 (12 millions de tonnes). Mais il n'est pas douteux que ce dernier chiffre sera dépassé sous peu, cette année-ci, probablement. Les deux grands centres d'exploitation du pétrole sont Bakou (61 % de l'exploitation totale) et Grozni, au nord du Caucase (37 %). Il existe de plus un certain nombre

d'autres gisements, notamment en Géorgie. Dans
l'Adjaristan, on se livre à des sondages qui étaient
déjà parvenus il y a quelque temps, à 400 mètres
de profondeur ; on pense trouver la nappe d'huile
minérale à 700 mètres. Ajoutons, pour compléter
ces généralités, que dans l'ensemble de l'exploitation pétrolière soviétique, il a été exporté en
1922 à l'étranger 309.716 tonnes, et en 1926,
2 millions de tonnes. Les bénéfices bruts du commerce du pétrole de l'Union ont passé de
55.800.000 roubles, en 1924, à 102.7000.000 roubles (soit 1.307.100.000 francs).

Voici quelques chiffres concernant spécialement
Bakou et l'Aznieft, trust d'Etat du naphte de
Bakou). L'exploitation pétrolière de Bakou date
de soixante-quinze ans. On prétend que la nappe
souterraine de cette région constitue la plus
grande réserve de pétrole du monde. La capacité
du gisement liquide exploité actuellement serait
de 22 milliards de pouds (pour toute l'exploitation russe, les réserves dans lesquelles plongent
les puits existants et en construction, sont, dit-on,
de 65 milliards de pouds).

La production du pétrole de Bakou était, en
1913, de 480 millions de pouds ; en 1920, de
180 millions de pouds. Elle atteint aujourd'hui
500 millions de pouds.

Chaque année, les achats de machines et d'ou-
tillages représentent 9 millions de roubles. En
quatre ans, l'industrie de l'Aznieft a été alimentée
par 330 millions de roubles de capital frais. Elle
repose aujourd'hui uniquement sur un capital

soviétique. Le budget d'exploitation et d'entretien de l'Aznieft était, en 1923, de 60 millions de roubles ; en 1925, de 75 millions ; en 1926, de 80 millions.

Depuis la soviétisation, de nouveaux gisements ont été exploités, notamment ceux de Souakhani, sans compter les 200 hectares d'exploitation gagnés sur la mer au quartier de Bibi-Eibat. La consommation locale et nationale absorbe 65 % de la production, l'exportation 35 %. Sur les 500 millions de pouds soutirés des profondeurs du sol, 300 millions sont transformés en sous-produits : benzine, mazout, éther, naphtaline, vaseline, etc. L'extraction de ces sous-produits a obligé l'Aznieft à agrandir et à modifier considérablement les usines qui se trouvaient là, et à en créer de nouvelles. On peut dire que tout l'énorme outillage de cette région pétrolifère est transformé, ou en voie de transformation. Les procédés les plus modernes sont mis en œuvre pour l'extraction, le raffinage, l'utilisation des vapeurs et des déchets, etc... Trois fois plus de puits électrifiés qu'avant-guerre. Les appareils rotatifs de forage étaient en 1921 au nombre de 19, il y en a aujourd'hui 1.999, etc... En comparaison avec l'exercice 1924-25, le prix de revient du produit a baissé de 25 %. Il demeure cependant plus élevé qu'avant-guerre : 22 kopecks contre 15 le poud, d'après M. Deterding, mais cette indication n'a pas de valeur précise par suite de l'impossibilité de comparer avec rigueur la valeur économique réelle de ces deux chiffres à treize ans de distance. Il faudrait pas mal les tripoter pour que la comparaison fût saine et équitable, et il est probable que les conclusions que M. Deterding porte dans son cœur, en souffriraient.

Le Budget des Travailleurs du Pétrole.

Voici les résultats d'une enquête que j'ai menée avec le plus de soin et de minutie possibles, en m'attachant à ne laisser aucun élément dans l'ombre, sur la situation économique personnelle des travailleurs de l'industrie du pétrole de Bakou dans la seconde moitié de 1927, comparée à la situation des mêmes corps de métier, au même endroit, en 1913.

Ce travail a porté sur treize catégories différentes. Pour ne pas donner de trop grandes proportions à ce rapport chiffré, je les ai réduites ici, à six, dont le salaire-argent, donné de la main à la main, est le suivant : foreurs, 29 roubles, 65 ; huileurs, 37,43 ; fondeurs, 57,95 ; charpentiers, 54,32 ; comptables, 68,04 ; directeurs de mine, 126.

A ce salaire-argent, il convient d'ajouter des suppléments également en espèces (dont ne bénéficient pas toutes les catégories citées), et qui sont afférents à des primes fixes, à des travaux aux pièces effectués pendant les heures normales de

travail, et au rendement des heures supplémentaires faites dans toute l'exploitation et calculées
ensuite en moyenne pour chaque tête.

Cela fait, il y a lieu d'additionner le total obtenu pour chaque catégorie et la somme que
représente réellement dans l'économie individuelle du travailleur un certain nombre d'avantages en nature : la gratuité du logement, du
chauffage et de l'éclairage ; celle du transport, des
vêtements de travail, des bains, du savon, que
lui assure l'Aznieft — en inscrivant par conséquent à son actif ce qu'il aurait à débourser s'il
devait subvenir lui-même à ces dépenses. Il faut
également tenir compte, pour une évaluation pratique rigoureuse, de la donation effective que
constituent les congés annuels, lesquels sont généralement de quinze jours, et parfois, pour les
métiers les plus fatigants (forgerons, fondeurs),
d'un mois.

Ce n'est pas tout : l'Aznieft intervient pour une
certaine part dans les dépenses de l'organisation
syndicale (1,9 % du montant des salaires), dans
celles des théâtres, cinémas, cours publics (1,25 %
par tête, en diminution du prix des places).
Elle participe également à la prime pour les assurances sociales, aux frais de certains établissements d'éducation pour les enfants de ses ouvriers,
aux primes aux vieux ouvriers. La contribution
de l'entreprise dans les dépenses de toute cette
catégorie, peut se chiffrr par 15 % du salaire-espèces. Je la mentionne pour mémoire et ne la
ferai pas figurer dans le total, en raison du ca-

ractère trop purement social de certains de ces chefs de dépense, et étant donné que nous cherchons à établir un budget ouvrier d'ordre exclusivement utilitaire.

Il reste encore un calcul à effectuer. Les chiffres globaux auxquels nous arrivons pour les six groupes de travailleurs choisis, sont exprimés en roubles tchervonetz. Comme nous voulons comparer la période actuelle à une période antérieure — 1913 —, il faut tenir compte de l'indice de coût de la vie depuis cette date. Cet indice est de 2,38. Ce chiffre nous permet de réduire les roubles tchervonetz en roubles-marchandises, en roubles d'achat, et dès lors, de comparer des éléments numériques exactement de même nature.

Pour la période 1913, au salaire-espèces, nous ajouterons le salaire en nature dont les ouvriers bénéficiaient alors (primes, logement, chauffage, éclairage, eau, traitement médical gratuit). Ces avantages effectifs et chiffrables montaient à 20 % des salaires. Mais il est équitable de remarquer que les profits en question n'avaient nullement sous le tsarisme un caractère général et automatique, que les primes n'étaient guère allouées qu'au personnel technique, que le logement n'était pas donné par toutes les firmes, mais seulement les plus grosses (Nobel, Benkendorf, la Société de la Mer Caspienne et de la Mer Noire, Mantachev), que les logements ouvriers étaient pour la plupart d'infects taudis malsains, que les primes d'accidents n'étaient accordées qu'à la suite d'un jugement. Portons néanmoins intégralement cette augmentation de 20 % sur la colonne de 1913.

De tous ces divers calculs, nous extrayons, en définitive, le tableau comparatif suivant :

	1913	1927
Foreurs	27,94	44
Huileurs.	39,17	43
Fondeurs	70,33	115,28
Charpentiers.	58,93	62,74
Comptables	72	54,57
Directeurs d'usine . . .	309	138,68

On voit que les directeurs d'usines sont désavantagés considérablement au point de vue matériel sur leurs prédécesseurs d'avant-guerre (ils ne s'en plaignent pas, au contraire !) Les employés (comptables), ont subi une notable diminution. Toutes les autres catégories de travailleurs ont vu s'élever leur bien-être matériel dans une proportion plus ou moins abondante (pour les manœuvres, qui ne figurent pas dans cette liste, elle atteint 200 à 300 %).

L'Aznieft s'est occupée de la construction de villages ouvriers. Déjà ont surgi de terre de vastes quartiers neufs autour de la ville : 3.000 maisons extrêmement confortables, et fort jolies, par elles-mêmes et par leur ensemble, agrémentées d'arbres et de fleurs. 10.000 habitations ouvrières anciennes ont été réparées. Ces constructions représentent une dépense de 23 millions de roubles. Il faut ajouter ici les travaux entrepris par le soviet de Bakou. Pour les réparations, la dépense est, jusqu'ici, de 9 millions de roubles (près de 120 millions de francs). On a créé dans tous les centres ouvriers, vieux et neufs, des canalisations qui n'existaient pas. Le problème du logement, quoique ayant été attaqué de la sorte avec une grande amplitude et une énorme activité, n'est pas encore résolu, puisqu'on n'arrive à loger convenablement que 13.000 familles ouvrières sur près de 50.000. Il a fallu tout remettre en œuvre, et on continue énergiquement dans cette voie, tant qu'on peut.

Le transport du pétrole se fait par la mer et le Volga, avec des bateaux mûs par le mazout, et surtout par des wagons citernes, jusqu'à Batoum, et par pipe-lines. Une nouvelle ligne souterraine est en construction. Elle comportera 12 stations et une grande usine à son point d'arrivée à Batoum. L'utilisation de cette canalisation, qui amènera 150.000 pouds par jour de Bakou à Batoum, fera baisser le prix du transport, de 21 kopecks le poud, prix actuel, à 9 kopecks. Le coût de ce grand travail : 60 millions de roubles, sera couvert de la sorte en quatre ans et demi. Cette canalisation sera achevée en 1929.

L'Industrie dans l'Azerbaidjan.

En dehors de l'industrie du pétrole qui donnait aux industriels des bénéfices de 30 à 40 %, l'indus-

trie était très peu développée dans toute la partie
orientale de la Transcaucasie sous le régime impérial — en grande partie par peur du groupement
et de l'organisation du prolétariat. On comptait
dans la région deux ou trois petites usines textiles.
C'est donc là aussi un terrain à peu près nu, à
l'écart de la fourmilière pétrolière, que le pouvoir soviétique a eu à couvrir et à animer. La
reconstitution ou plutôt la constitution industrielle de l'Azerbaidjan, fort arduc à cause du
manque de techniciens, s'est attachée principalement à l'industrie textile, à celle de la soie, du
ciment, du bois, du vêtement, du tabac, du
cuivre, du cuir, du poisson, des mines, des vins,
des conserves. Le capital de base investi a été,
en 1921, de 11 millions de roubles ; en 1925, de
15 millions de roubles ; en 1926, de 27 millions ;
en 1927, de 42 millions. Le capital d'exploitation,
qui était avant-guerre de 7 millions de roubles,
était en 1927 de 11 millions, reçus intégralement
de l'U. R. S. S. Dans cinq ans, le capital engagé
sera de 348 millions de roubles dont 94 millions
pour l'Aznieft, 203 millions pour les autres industries, et le reste pour la mise en chantier d'une
flotte commerciale. On envisage — et on entreprend — la construction de nouvelles fabriques
pour l'exploitation des richesses minérales de la
région de Dach-Kessan où l'on a propecté des
gisements de 8 milliards de pouds de minerai
(plomb, cuivre, zinc, aluminium). On a construit deux usines électriques de 3.000 et 10.000
chevaux de force à Ganja. Parmi les projets im-

médiats, une usine électrique de 50.000 kilowatts pour les transports, qui sont à organiser presque totalement en Azerbaidjan. On a construit une fabrique de beurre très importante. Aussi, une usine textile, dans des conditions telles que certains experts déclaraient que « ce n'était pas possible ». On a commencé les travaux d'une autre usine textile qui coûtera 9 millions de roubles et où travailleront 4.000 ouvriers, puis on en fera encore une autre du même type. A Nuonka, on jette les bases d'une usine de soie qui sera la plus grande du monde (la plus importante d'Europe possède 100 bassins ; celle-ci en aura 576). On a créé des écoles de techniciens. Des services établissent des cartes géodésiques.

L'industrie azerbaidjanienne du sel produisait 3.000 pouds par jour en 1924. En 1926, elle en produisait 5.425. La production du tabac a augmenté de 20 % au-dessus du niveau d'avant-guerre, avec le même nombre d'ouvriers, et un horaire du travail diminué selon les directives du gouvernement soviétique.

L'Instruction Publique en Azerbaidjan.

En 1914, on trouvait en Azerbaidjan des écoles primaires et secondaires, des lycées, des écoles commerciales. L'enseignement y était donné uniquement en langue russe. Seules, les écoles de deux ans étaient en langue turque, mais dès la première année on y apprenait, de force, le russe. Les écoles étaient quasi des établissements religieux. En tout cas, seuls les Russes et les musulmans riches pouvaient accéder aux écoles supérieures. Il y avait alors 974 écoles avec 72.423 élèves.

En 1919 (moussavatistes) 660 écoles, dont 23 secondaires, avec 57.689 élèves, et 8 écoles professionnelles avec 1.700 élèves.

En 1926, une Université, un Conservatoire, une Ecole des Beaux-Arts, une Ecole Polytechnique, 1.585 écoles et 183.000 élèves.

Dans les écoles primaires, 146.000 élèves, dans les écoles secondaires et l'Université, 17.000 élèves. Sur l'ensemble, 97.000 Turcs (garçons et filles).

54 % des enfants vont à l'école, et parmi les écoliers, il y a 67 % d'enfants d'ouvriers, 27 % dont les parents exercent des professions libérales, et 5% qui sont progéniture de nepmans.

L'Université a 68 professeurs dont 7 Turcs, 51 % des étudiants sont turcs.

En plus des écoles, 1.037 cours d'adultes contre l'analphabétisme. Il y est passé 120.000 élèves, dont 65.000 Turcs ; 54.000 de ceux-ci ont appris à lire et à écrire le turc avec l'alphabet latin (innovation que le gouvernement soviétique s'efforce de propager pour simplifier et faciliter d'étude de la langue. Certains journaux rédigés en turc, emploient l'alphabet latin).

108 bibliothèques, 141 salles de lecture avec un
million de livres (120.000 en langue turque).
113 clubs, dont 21 de femmes, 3 musées à Bakou
(contre un avant la guerre), et 7 musées dans les
cantons. 12 théâtres (2 avant-guerre). 100 maisons
d'enfants, hébergeant 7.000 enfants. Les éditions
d'Etat de l'Azerbaidjan et quelques autres firmes
ont édité l'année dernière, six millions de livres
dont 80 % en turc et un million et demi avec le
nouvel alphabet. Bakou est un foyer très intense
de littérature et d'art. Dernièrement, il y a été
organisé un Congrès de la littérature prolétarienne. (Ce Congrès quelques mois après, a été
suivi d'un Congrès général pansoviétique des
écrivains prolétariens, qui s'est déroulé à Moscou. La jeune phalange des artistes, des roman-
ciers, des critiques et des poètes prolétariens du
Caucase y a pris une part active. Le Congrès de
Moscou était organisé par le Bureau International
des Ecrivains Prolétariens, que nous avons fondé
à Moscou à la suite d'une conférence qui a duré
plusieurs jours, au mois de novembre 1927.)

L'Agriculture en Azerbaidjan.

L'Azerbaidjan fait une tache d'assez notable
dimension sur la carte européo-asiatique : ses
7.282.000 de déciatines (ou, à peu de chose près,
d'hectares), équivalent environ à douze départe-

ments français. La moitié environ de ce plancher
terrestre consiste en terrains pierreux et en forêts :
restent 4.393.511 déciatines cultivables.

En 1921, les paysans révoltés ont repris une
partie de leur bien — la terre qu'ils travaillent —
aux grands propriétaires : un million et demi de
déciatines. En 1923 le pouvoir soviétique a procédé à une distribution de la terre plus étendue
et plus organisée. On a créé à cet effet des « collectivités paysannes », noyaux d'exploitation coopérative centralisant les éléments et les moyens d'action : crédits, machines agricoles, travaux d'ensemble comme l'irrigation, et aussi éducation
technique et sociale (qui est un instrument de
travail). Les paysans participant à ces 2,924 collectivités de l'Azerbaidjan ne sont encore que le
17 % de la population rurale. Ce résultat n'en est
pas moins remarquable, si on considère le niveau
très arriéré du brave et grave paysan turc, encore étonné de n'être plus bousculé par le trouble
des temps.

A ces 2.924 collectivités, ont été distribuées
2.400.000 déciatines de terre, notablement plus
de la moitié de la portion cultivable.

Le travail se poursuit dans la coopération et la
paix — puisque la guerre et la haine ont été enle-
vées. Il est réglé comme dans tout le reste de l'U-
nion, et avec tout le reste de l'Union, selon l'emploi rationnel des ressources du sol, l'intérêt du
petit producteur, celui de la communauté soviétique, et en vue de l'intensification industrielle et
commerciale. De plus, les paysans azerbaidjaniens,

jadis bestiaux du tsar ou cibles des factions nationalistes, profitent de l'aménagement des routes
nouvelles ou de voies ferrées qui accélèrent la
circulation organique, de vastes entreprises de
travaux publics et d'électrification qui sont achevées ou en train (1).

Les résultats de la renaissance agricole ont déjà

(1) Il faudrait raconter aussi en détail le travail de construction des voies de communication et des transports. Prenons — pour ne pas transformer cette étude en un firmament
de chiffres — la carte des chemins de fer et des routes de toute
la Transcaucasie : le rail qui mécanise l'étendue et fait glisser
la distance, et les routes qui versent les populations l'une
dans l'autre... Depuis le rattachement à l'Union, on s'efforce
de tracer des lignes de fer à travers la Transcaucasie, et on
a commencé par les plus nécessaires. Des 409 kilomètres de la
ligne nouvelle Djoulfa-Bakou, 259 sont à l'heure qu'il est en
exploitation. On roule déjà sur plusieurs tronçons de la ligne
Akhal-Soukhoum, dont les 134 kilomètres seront achevés cette
année. Beaucoup d'autres petites lignes métalliques précipitent le voyageur et la marchandise là où naguère le pied
s'usait sur des routes ou pataugeait sur des pistes. On tire
des plans pour 302 kilomètres nouveaux de chemin de fer.
On en a reconstruit en 1927, 70 kilomètres, et cette année,
120 kilomètres. Depuis trois ans, les bâtiments nouveaux du réseau ferré représentent 20.700 mètres carrés.

Six grands ponts nouveaux, métalliques ou demi métalliques, viennent d'être posés, comme des traits d'union, sur la
Transcaucasie. On a reconstruit 37 ponts détruits pendant la
guerre civile.

Sur les 49.000 kilomètres de routes de l'U. R. S. S., la Transcaucasie, en 1922, en avait 2.580. Elle en a maintenant 3.200
kilomètres. Et ce sont les Ponts et Chaussées de Moscou qui
ont payé le surplus. On dépense trois fois plus que sous le
tsarisme pour les routes, et pour les chemins de fer, dix fois
plus cette année qu'en 1924. Les transports sur la Koura
équivalent en trois mois, à la moitié de ce qu'ils étaient en un
an sous le tsarisme ; les transports sur le lac Sévan ont
quadruplé en trois ans. Sur le Rion, on organise un service de
bateaux d'Etat.

un volume et un poids remarquables. Pour le cô-
ton, par exemple, qui couvrait avant-guerre
90.000 déciatines dans le pays, nous voyons,
après la chute à 900 déciatines (1922) : 83.000 en
24, 92.000 en 26, et 98.000 en 27.

La culture des fruits a augmenté de 6 % (la
destruction des arbres fruitiers, comme d'ailleurs
celle des machines et du bétail, avait été systématique et copieuse pendant les années de guerre
et d'oppression).

Pour l'élève du bétail : en 1921, 1.600.000 moutons, en 27, 2.600.000. 1.400.000 bœufs en 27,
contre un million en 21. 160.000 chevaux.

Jadis et naguère, pas de tracteurs, aujourd'hui
dans l'Azerbaidjan, 480 tracteurs. L'éducation
technique agricole prend la place considérable
qu'elle doit prendre dans une société bien faite.
Il existe présentement 45 centres agronomiques
(initiative de l'Etat). Il n'y en avait que 9 en
1922, et 37 en 1926. En 1928, il y en aura 50.

2.000 champs d'expériences dont 1.000 pour le
coton, culture majeure du pays, le tout créé et
dirigé par l'initiative paysanne. En plus, 11
champs d'expériences de l'Etat. Avant la guerre,
il y avait en tout et pour tout un seul champ
d'expériences dans le pays. Ces travaux de
sélection des semences et plantes et de perfectionnement des procédés d'amendement et de culture, ont permis d'améliorer prodigieusement la
productivité : pour le blé, dont la récolte d'ensemble a donné l'année dernière 800.000 pouds,
le rendement des terres ordinaires a été augmenté

de 40 pouds à 150 pouds à la déciatine. Pour le coton, les terres moyennes ont donné 80 pouds par déciatine contre 45.

Les centres agronomiques et expérimentaux de l'Azerbaidjan possèdent aujourd'hui les plus importantes collections du monde des types de cultures locales : 4.500 sortes de blé, 1.336 sortes de coton, 450 sortes de riz. (Je ne me doutais pas, avant de voir cela, que la nature, aidée il est vrai par l'homme, se donne la peine d'apporter tant de nuances originales dans ses fabrications.) Naturellement, le but de ces belles collections-là est de distribuer aux paysans les meilleures espèces, les vedettes, les étalons végétaux. On a entrepris en Azerbaidjan l'acclimatation de l'hévea — la plante qui fournit le caoutchouc.

Une exposition agricole permanente, un musée plutôt, attire, à Bakou, des milliers de visiteurs. Des établissements semblables ouvrent leur porte dans les autres villes de la République. Des tournées de propagande éducative — tendant toujours à pousser la paysannerie vers la culture technique, celle des matières transformables par l'industrie — vont dans les villages et les isbas les plus reculés pour semer des notions utiles.

Des services vétérinaires et de préservation des maladies des animaux et des plantes se multiplient et se développent. Avant la guerre, 12.000 litres de sérum étaient injectés aux animaux ; en 1927, l'offensive contre les épizooties se traduit par l'emploi de 36.000 litres de sérum, et dans trois ans, ce sera 60.000.

Enfin, on organise la poursuite d'un produit rare entre tous : L'eau. La recherche des sources est méthodique et acharnée.

La question essentielle pour l'agriculture de l'Azerbaidjan (et tout spécialement pour le coton), est, en effet, celle de l'irrigation. Pour fertiliser le désert, il faut un ensemble de travaux représentant une dépense de 120 millions de roubles (plus d'un milliard et demi de francs). Ces travaux sont entrepris et de nombreux canaux ont été creusés depuis quatre ans.

Le budget de la république d'Azerbaidjan, qui est de 23.510.000 roubles, n'est alimenté par les impôts, c'est-à-dire par les ressources locales directes, que pour 4 millions de roubles. Si on défalque le rendement du commerce et de l'industrie d'Etat, tout le reste des dépenses de la République, soit plus de 17 millions de roubles (sans compter les dépenses extraordinaires des travaux publics), constitue donc l'apport de la grande famille soviétique à l'Azerbaidjan.

Est-il utile de commenter l'intense signification d'une telle constatation — identique à celle que l'on peut faire pour la Géorgie, et pour l'Arménie ?

Un jour, lors de mon voyage, j'ai rencontré un homme du Karatchaï (domaine autonome, c'est-à-dire petite république soviétique, perché dans les montagnes du Caucase au pied de l'Elbrouz).

— On paye un rouble d'impôt au Comité Exécutif, soupirait cet homme.

Nous lui fîmes remarquer qu'un rouble d'im-

pôt par tête cela fait pour tout le domaine 60.000
roubles. Or les travaux d'intérêt public entrepris
pour aménager et pour améliorer sur toutes ses
faces la petite République satellite, représentent
au su et au vu de tous, des millions de roubles.
N'est-il pas clair, dès lors, que si le Comité Exécutif prend d'une main un rouble à l'habitant,
il lui en rend, de l'autre, beaucoup plus ?

L'homme nous regarde, réfléchit, et nous dit :

— Vous êtes de braves gens. Vous dites des
choses qu'on comprend.

Et un indigène du Svaneti aurait pu tenir le
même langage vis-à-vis du pouvoir soviétique
qui, depuis trois ans, s'ingénie, grâce à une
armée de sapeurs, à couvrir le pays — lequel est
gorges, précipices, et sentiers de chèvres, — de
tout un échafaudage de ponts (79), de paliers et
de routes suspendues, tel un décor de Meyer-
hold... Et de plus, le pouvoir soviétique, pour
un rouble par tête, change les cavernes en maisons, et les hommes en hommes (1).

(1) Dans d'autres républiques soviétiques, on enregistre une
progression économique beaucoup plus abondante que dans la
Transcaucasie parce que l'édification positive ne s'est pas
heurtée à d'aussi durs obstacles, et à une telle destruction
des valeurs matérielles. C'est ainsi que la république de
Turkménistan, fondée en 1923, accuse une ascension rapide :
en 1923, 18.000 déciatines de coton ; en 1927, plus de 80.000.
En trois ans, les terres irriguées ont augmenté de la moitié,
le rendement des terres à l'hectare a augmenté du quart,
celui du commerce, du double, le salaire des ouvriers et employés, du tiers. Pour ce qui est de la « question nationale » :
en 1916, sur 9.875 élèves des écoles de Turkménistan, il n'y
avait que 524 Turkmènes ; en 1926, sur 32.239 élèves, 19.500
Turkmènes

V

NATIONALITÉ ET LIBERTÉ

Yanéouli. Dans la maison de bois, un soir.

On avait dit, le soir du passé : « Demain on parlera d'autre chose. » Nous y voici.

Les mêmes personnages que le premier soir — et moi pour servir d'objectif et d'enregistreur ; et aussi pas mal d'autres gens, qu'on entendra parler, et tout d'abord, ce Ratzvili, gibier de prison à tête de derviche, aux yeux d'ébloui (on dirait qu'il se cogne partout à des pans de lumière).

Il y a des assis qui font tache blanche autour de la table. D'autres sont debout, ils vont et viennent et leurs ombres se promènent sur le mur.

Béridzé regarde tout autour, et quand son regard s'est arrêté sur chacun, dit :

— C'est drôle. De nous tous qui sommes ici, il n'y en a guère qui étaient bolchéviks, et presque tous nous étions contre. Maintenant nous sommes avec. Nous sommes ralliés tout entiers et à jamais. Maintenant, nous sommes tous pareils.

— On n'est pas bolchévik de naissance, dit philosophiquement Todria. On le devient au

frottement des choses, quand on en vaut la peine.
Dans tout vrai révolutionnaire, il y a un bolchévik qui attend.

Ratzvili, mû par un ressort qu'il avait dans
le corps, se leva brusquement, se planta en face
de Béridzé en lui faisant la grimace et en mâ-
chonnant :

— Vous vous êtes ralliés parce que vous avez
eu peur !

Et ses yeux brillaient tellement à la lampe
qu'on eût dit qu'il avait des lunettes.

Les autres, en cercle, ont souri. Une de leur
voix a dit :

— Ce n'est pas vrai. Nous ne sommes pas des
lâches.

Elle a dit cela avec une tranquillité et une
simplicité qui obligent à la croire.

— Et puis, continua la voix des autres, et puis,
si nous sommes ici une poignée, nous sommes,
en dehors d'ici, des foules qui avons pensé et
agi de même, et qui, sains d'esprit et de cœur,
avons mis nos mains dans celles des bolchéviks,
et nos bras au service du bolchévisme.

— En 1923, rappelle Todria, des chefs menchéviks géorgiens comme Tevzaia et Grichvili
(ex-vice ministre), déclaraient qu'ils quittaient
la lutte contre les bolchéviks pour celle qu'on
mène à leurs côtés, et aussi le fort et bon militant ouvrier Tarniev. Après le Congrès Ouvrier
de 1923, qui décida la collaboration, 12.000 ouvriers ont passé d'un parti à l'autre. Après le
soulèvement de 1924, un groupe menchévik

d'ouvriers des chemins de fer fit des démarches
pour le travail commun, et celui qui en prit
l'initiative est devenu un des nôtres — et comment ! Il est vice-commissaire à l'Agriculture.
Et vous savez qu'après le Congrès menchévik de
1924, 11.000 ouvriers se firent, de menchéviks,
bolchéviks — si bien qu'il ne reste plus guère
d'ouvriers dans le parti menchévik géorgien.
Et le revirement d'un tas d'individus isolés qui
se mettent l'un après l'autre au service de l'Internationale Communiste, et la conversion du
Comité pour l'Indépendance de la Géorgie en
1924, et finalement celle de la population entière ? Et à Tiflis, et à Batoum, et à Poti, les
ouvriers proposant en 1924, au gouvernement soviétique de rétablir l'ordre eux-mêmes, et ailleurs,
des armées de paysans, se mobilisant toutes
seules pour balayer l'ennemi intérieur ? Par
peur ? Pour attendrir les nouveaux maîtres ?
Allons donc ! Ce serait imbécile de jeter une
pareille injure, comme ça, à la tête de tant
d'hommes. De prendre un peuple courageux
et ferme entre tous et de proclamer : les trois
quarts en sont des lâches.

— Tout s'explique, au contraire, par de la
loyauté, de la sincérité — et du courage. Moi, je
sais bien que je ne suis pas un lâche. Nous avons
vu, nous avons compris. Nous avons eu l'hon-
nêteté de voir ce que nous voyions et celle de
comprendre que nous n'avions pas compris, et
l'énergie de dire : Nous nous sommes trompés.

— On nous avait dit, commença Kobidzé : Les

bolchéviks, c'est des sauvages et des bandits, ni plus ni moins.

Et voici les propres paroles de Kobidzé :

— Nous étions démocrates, nous autres, dans ces campagnes-ci, en 17. On nous criait : Attention ! Les gens de Moscou veulent détruire toute liberté. Alors nous avons réclamé à tue-tête l'indépendance de la Géorgie pour que la liberté des travailleurs ne fût pas perdue dans l'affaire.

« Beaucoup de nous étaient si peu des lâches qu'ils ont continué longtemps la lutte clandestine, et ce n'est pas comme ça que procèdent ceux qui ont les foies blancs. Moi, Kobidzé, j'ai pris part au soulèvement de 1924. Je ne suis pas, à l'heure qu'il est, membre du Parti. Mais quoi, j'ai été bien forcé de voir que les bolchéviks avaient « organisé la vie ». C'est là quelque chose qui m'importe plus que la conservation de ma peau de militant.

— Moi, dit celui d'Ozourgeti, je ne suis pas bolchévik de longue date, et jusqu'à quelques années en ça, je n'étais qu'un bolchévik qui s'ignorait. J'ai commencé à ouvrir les yeux quand à Ozourgeti, on disait : S'ils viennent, gare aux massacres et à la famine — et nous avions faim, et rien à manger. — Et au lieu de la famine, c'est cent vingt wagons de maïs et de graines qu'ils ont envoyés dans la région. J'ai continué à ouvrir les yeux, quand notre fameux chemin de fer, toujours promis par les menchéviks, ce sont les bolchéviks qui l'ont fait, et que par fureur que ce n'ait pas été eux les fabricants du chemin de fer, les menchéviks parlaient de le boycotter, et l'inauguration de la garde d'Ozourgeti a été pour eux un deuil.

Un autre dit : — Moi, pour comprendre que l'espèce de petite contre-révolution d'août constituait le plus grand crime des menchéviks contre le peuple géorgien, je n'ai pas attendu que le Conseil des Professeurs de l'Université le spécifie en propres termes par la voix de son recteur Djawaklachvili, mais j'ai ouvert tout à fait les yeux lorsque chez moi, à Tchéri, dans l'arrondissement de Koukaïs, les nobles, en se retirant, après avoir manqué leur coup, se vengèrent sur le paysan et détruisirent haineusement près de cent hectares de maïs. C'est pour ces amis du peuple qu'on voulait nous faire marcher ! Depuis on dit, chez moi, « menteur comme un menchévik », et j'ai entendu aussi qu'on le dit partout ailleurs.

Les camarades parlent juste. Cet immense courant de retour, de mise en place, des militants ouvriers et révolutionnaires qui se sont définitivement reconnus communistes parce qu'ils l'étaient au fond, c'est trop simple et trop large pour qu'il soit permis de prétendre que ce fut artificiel. Cela a été, ici, un vaste cas de conscience. Certains hommes ont éprouvé de poignants remords — comme une belle maladie. J'en ai entendu qui demandaient à être punis pour le mal qu'ils avaient fait en combattant les Soviets.

— Vous pouvez être bien sûrs que si le sort,

par un hasard énorme, basculait, et qu'il y eût
en Géorgie, à la suite d'un coup de baguette magique ou de la chute d'un bolide, un corps d'armée de gendarmes blancs, il n'y aurait pas un
semblable revirement des masses dans l'autre
sens.

— Les révolutionnaires, ce ne sont pas des
chasseurs de comètes, mais des hommes carrés
et nets aux angles, pour qui la réalisation pratique est sacrée, lorsque la prospérité monte avec
la dignité...

Ici, le fébrile Ratzvili intervint, avec sa marotte
aux grelots nationalistes. Il se débattait au milieu de la conviction des autres comme dans
une cage. Il s'accrocha aux deux mots entendus :

— Prospérité, peut-être. Dignité, non. La
Géorgie est attachée par une chaîne dorée,
comme une courtisane que le riche conduit en
laisse à sa suite, à cause d'un collier de perles.
Nous sommes sous le joug du Russe, et c'est sur
nous maintenant la poigne de Moscou.

On lui répondit :

— Ce n'est pas vrai.

« Les Russes et la Russie, ça n'a rien à faire
dans tout ceci. Quand des gens qui viennent ici
de loin en costume de voyage, disent qu'ils sont
en Russie ou bien quand ils appellent l'Union
Soviétique : la Russie, ou le gouvernement central : le gouvernement russe, tu sais bien, mon
vieux Jocrisse, que ça nous fait rigoler. Tu sais
bien qu'on reconnaît tout de suite le nouveau
venu et le novice à cette façon bête de s'expri-

mer. On est Géorgien, on est Arménien, on est Tatar ou on est Tcherkess — ou même on est Russe, ce n'est pas défendu — mais on n'a qu'un nom commun : on est tous également soviétiques : ça seulement de pareil. Même à Moscou, on se ficherait de celui qui dirait les Russes ou la Russie pour montrer les habitants et le territoire de l'Union des Républiques Socialistes Soviétiques. La Russie proprement dite, ce n'est pas une métropole, c'est une république comme une autre et à côté des autres. C'est seulement la plus vaste et la plus importante, et il est naturel qu'il y soit établi le centre gouvernemental, qui doit bien être établi quelque part.

« Eh bien, ma vieille tête de bois, la différence entre *Russe* et *soviétique*, c'est justement la grande signification des temps. Le principe de charpente de la République prolétarienne, des États-Unis soviétiques, c'est qu'il y a de toutes autres barrières et de tout autres liens entre les hommes, que ceux des pays et des races. Ce qui compte, et différencie, et classifie, c'est la mission ou le rôle d'un individu ou d'un groupement dans la collectivité humaine qui peine pour la production, et non pas les traits spéciaux des figures ou les signes des alphabets. Le drapeau rouge est d'une tout autre étoffe que ceux que les firmes nationales mettent sur leurs grandes devantures appelées frontières.

— Qu'importent les mots, grogna l'autre. Que la férule soit russe ou soit soviétique, nous n'en sommes pas moins esclaves.

— Non. *On ne peut pas être esclaves des Soviets.* La forme de la mécanique s'y oppose de fond en comble. On est esclave quand on est soumis au pouvoir d'une personnalité ou d'une fraction qui vous tordent selon leurs profits particuliers, vous plient, vous décolorent et vous annihilent en vue de leur prospérité et de leurs desseins, à eux. L'Inde et l'Égypte sont les esclaves de l'Angleterre, la Bessarabie ou ia Transylvanie le sont de la Roumanie, les provinces ruthènes, de la Pologne ; le Monténégro l'est de la Serbie ; et l'Italie, de Mussolini et de sa bande, et le Vénézuéla, de Gomez. La Macédoine coupée en trois, le Maroc coupé en deux, l'Arabie coupée en quatre, pour des distributions de souverainetés, de protectorats, de mandats, et autres titres de propriété, à de puissants propriétaires, voilà les pays esclaves. Étaient esclaves unifiés, les sujets de la Rome antique qui a dégringolé il y a quinze cents ans, et le sont en puissance ceux qui pour leur malheur, sont dans les cadres du pan-américanisme de New-York.

« Dans tous ces cas-là — et dans bien d'autres (dont tu trouveras la liste complète dans un dictionnaire contemporain, en y mettant beaucoup de temps), il y a asservissement, parce qu'il y a violentement endémique et exploitation — digestion même, on pourrait dire. Dans tous ces cas-là, l'œuvre brutale de conquête a été suivie d'une œuvre systématique de dénationalisation. Il faut que tu sois resté, ou retombé, en enfance, mon camarade, pour assimiler le pouvoir soviétique au régime qu'a imprimé sur nos épidermes et jusqu'au-dedans de nous, le cortège des Petits Pères Romanov. Ce pouvoir-là était en effet russe, exclusivement et férocement moscovite (ou moscoutaire, si tu préfères), et il consistait à faire de tous les bipèdes du territoire, des mannequins bourrés de russe.

« Mais nous autres, nous faisons partie d'un ensemble, sur pied égalitaire. Notre nationalité, elle nous revient toute, intégralement. Nos intérêts sont communs avec ceux de tout le continent communiste, et chacun des membres de la Fédération soviétique est aussi grand que la Fédération tout entière. »

Ratzvili se cramponna sur la table et nous regarda sous le nez.

— Vous qui faites de la doctrine et des livres, vous êtes pour l'indépendance nationale des pays. La Chine, par exemple. Vous approuvez et vous encouragez des mouvements séparatistes...

— Mais oui, justement parce qu'il s'agit là de dévorateurs et de dévorés, et que la libération nationale est forcément la première étape de la libération humaine. Mais nous, dis-moi voir en quoi nous sommes dévorés ou même diminués, ou même utilisés, en vue je ne dirai pas d'un intérêt russe, c'est trop bête, mais d'un intérêt contraire au nôtre propre ?

« A qui sommes-nous rattachés? A personne. A quoi ? A une idée organisée. Quelle idée ? Celle

de l'émancipation des masses, notre idée, quoi.
Ce n'est pas être subjugué que d'être soumis à
une loi d'intérêt général, qu'on estime telle,
quand la discipline est la même pour tous. »

— Ça m'est égal, dit l'halluciné. La Géorgie
a été libre autrefois, et elle ne l'est plus !

— Tu ne serres qu'un mot sur ton cœur, lui
dit doucement Broussilev. Tu voudrais lui donner la vie, mais tu ne peux pas.

« Qu'est-ce que c'est que la liberté? Est-ce la
possibilité de faire n'importe quoi ? La possibilité d'être fou ? Au sens absolu du mot, peut-
être. (Et Broussilev, qui a tout lu, cite le cas
du héros d'un roman français contemporain qui
jette un homme sous un train en marche, sans
aucune espèce de raison autre que de se prouver
à lui-même qu'il a la liberté de le faire — l'ac-
complissement d'un acte absurde étant en effet
la seule preuve d'une liberté intégrale). Laissons
cette algèbre métaphysique, cet anarchisme
abstrait et dévergondé. Il ne faut pas avoir la
manie d'être fou : les Kant, les Karl Marx et les
Lénine, nous forcent désormais à faire des raison-
nements en chair et en os. Au point de vue
social, où tout est sérieux et concret et engage
la vie —, la liberté, c'est la liberté de pouvoir agir
pour le mieux selon son intérêt propre, et de se
développer individuellement au maximum dans
le coudoiement humain. La vraie formule, aussi
bien pour l'homme individu que pour l'homme
social, c'est : Que chacun soit libre d'être raisonnable et de vivre sa destinée organique.

« Alors, regardons la Géorgie soviétique, et cherchons où la liberté n'est point.

« L'organisation administrative a laissé, a apporté, à la culture nationale dans toutes ses branches, une place telle qu'on peut dire qu'il n'a jamais été donné à la Géorgie en tant que personnalité intellectuelle, pittoresque et artistique, en tant qu'âme géorgienne, de s'épanouir aussi originalement. Mieux encore, on peut dire que sur ce plan comme sur le plan économique, le rattachement aux Soviets lui a fourni des moyens et des ressources dont elle n'aurait pas pu trouver une minime partie dans son propre fonds si elle avait été « indépendante » selon la formule abstraite de Ratzvili, buté et illuminé comme une bûche qui brûle.

« N'assistons-nous pas, et cela n'est-il pas aussi visible qu'une cérémonie publique, à un réveil luxueux des forces spirituelles nationales ?

« Cette culture nationale devient le véhicule d'un idéal nouveau de solidarité et de vie (phrase de Staline). Individualisme dans les matériaux et la forme, mais envolée du cri et de la ligne, qui dépasse infiniment chacun. Contenant national, contenu humain. C'est la grande loi des développements et des réalisations de l'esprit. Ainsi se prépare une phase historique de l'art, celle où dans le plus agrandi des drames, jouera son rôle le plus vaste des acteurs, la multitude. L'art prolétarien, l'art collectif, s'établit de la sorte non par l'abolition des originalités ethniques, mais par leur exploitation profonde. On

le pressent, cet art de tous, cet art rouge de libération. On entrevoit cette tour de Babel qui
prendra dans sa masse les - langages divers,
comme les individus, qui déchirera les vieux
nuages et les droits divins, et sera la montée de
la terre au ciel. »

— C'est vrai que les vieilles étoiles finiront
par s'y enterrer ! dit Nogadov.

— N'empêche, remarqua Todria, que les menchéviks clament partout — en Europe, s'entend
— que la langue géorgienne est foulée aux pieds.
C'est écrit en toutes lettres dans le manifeste de
mai 1927 : « Ils ont tué la langue géorgienne...
Nicolas Bolchévik l'a tuée ! »

— C'est exact ! hasarda Ratzvili.

— On pourrait dire, devant les faits, continua
l'autre avec un calme de cristal, que ces criailleries sont stupides et n'ont absolument aucun
sens. Mais le pire, c'est qu'elles ont, en effet, un
sens. Ce que les menchéviks nationalistes repro-
chent au gouvernement soviétique géorgien,
c'est de ne pas empêcher les majorités ethniques
de certaines circonscriptions, comme les Arméniens, de parler leur propre langue, c'est de ne
pas accorder un monopole écrasant et tsariste
à la seule langue géorgienne, en décrétant sacri-
lège d'en employer une autre. C'est logique.
Tout nationaliste qui se respecte commence par
ne pas respecter les autres.

« Voyez-vous, le pivot autour de quoi tout
tourne, c'est cette évidence : Si la Géorgie était
une nation indépendante au sens officiel du mot

— et en supposant que toutes les différentes formules d'indépendance pussent se mettre d'accord (la géorgienne pure, la fédéraliste caucasienne, etc...), elle serait beaucoup moins libre qu'elle ne l'est aujourd'hui.

« Elle serait encombrée d'un appareil diplomatique, d'une armée et d'un budget de guerre, pour se battre contre les Arméniens et les Turcs. Mais ce n'est rien encore. Elle serait trop pauvre pour parer elle-même à son relèvement économique. Alors, l'Emprunt ! Nous y voilà : La, ou les grosses puissances à l'horizon, à la frontière — et bientôt assises dans les grands établissements en pierre de taille raclée à neuf, de la capitale. « Sous l'égide de la Société des Nations », insinuent les nationalistes. Voilà l'aveu lâché, vous dis-je ! Nous savons ce que cela veut dire : égide. D'ailleurs, nous avons bien vu dans l'historique des faits, que tout le plan de campagne des soi-disant libérateurs consistait à se tourner vers l'étranger. Nous les avons vus, ces champions du splendide isolement, tendre successivement leurs mains dans lesquelles il y avait les richesses nationales, à l'Allemagne, à l'Angleterre et à la France. La Géorgie deviendrait la colonie économique de quelque grand pays — l'Albanie du Caucase — puis la colonie deviendrait fatalement le butin et la proie. D'autant plus qu'elle a beaucoup de manganèse, et sans doute pas mal de pétrole enfermé dans ses caves inconnues, et d'autant plus qu'elle offre une position stratégique de premier ordre pour couvrir Bakou, et que c'est l'État tampon désigné par la géographie pour tamponner la Perse et la Turquie, ou l'U. R. S. S. — pas pour son compte, naturellement.

« Si les Ratzvili étaient légion, si les menchéviks géorgiens n'étaient pas actuellement réduits à n'être que quelques déguisés, si on ne mettait pas les aliénés et les traîtres à l'ombre, voilà où elle mènerait le pays, l'indépendance théorique, l'indépendance de papier : la Géorgie instrument, arme et aliment, du capitalisme impérialiste, riche provisoirement dans la mesure où elle serait vendue. Son semblant d'indépendance serait néfaste à elle-même et aux peuples voisins ; mais ce serait, surtout, une liberté fictive et mensongère. Isolement, isolement, c'est facile à dire, mais une poignée d'hommes ne s'isole pas par le temps qui court.

« Ils parlent de dignité ; mais aux petits pays qui sont dans les griffes des gros pays souriants et pleins d'avances, il reste encore moins de dignité que de liberté.

« Tournons-nous tant que nous pouvons, dans tous les sens, il n'y a que deux solutions pour la Géorgie : celle qui y est implantée (et implantée plus solidement que ne le disent *urbi et orbi* les démagogues d'exportation, et que ne le croient les pauvres auditoires européens, analphabétiques dans ces questions). Donc : Ou bien appartenir fraternellement au bloc prolétarien, ou bien être le pot de fer qui chemine de concert avec l'impérialisme métallique international.

« Pourtant, reconnaissons-le : il y a une force internationale qui a pris fait et cause pour la libération simpliste de la Géorgie : la II° Internationale socialiste.

« Parlons-en encore une dernière fois : ça nous permettra de dire un mot, qui s'impose, sur la chose de la politique intérieure. La propagande géorgienne anti-soviétique est en effet faite de divers morceaux. Il y a les nationalistes purs, le Parti Fédéraliste, et les social-démocrates. Ces morceaux sont disparates. Ils ne se sont jamais ajustés ensemble, on l'a vu, et pour cause. Actuellement une seule attache : leur haine commune de l'U. R. S. S., leur donne un semblant d'unité.

« Mais, en réalité, ces messieurs ne sont pas d'accord. Ramichvili jette feu et flamme dans sa lettre confidentielle à Abassalon contre les fascistes nationalistes (en qui il veut voir des agents de la Tchéka !). Il y a peut-être là-dessous quelque conflit d'influence et quelque raison personnelle, et c'est, en tous cas, injuste, car l'agitation de ces partisans, si réduite qu'elle soit à l'heure actuelle, sert aux régisseurs de la campagne : elle contribue tant soit peu à empêcher la question de l'indépendance de la Géorgie de retomber sur elle-même par la force des choses. Toujours est-il que Ramichvili et Jordania ne donnent l'estampille qu'aux fédéralistes nationalistes et à quelques individualités genre Amiradjibi.

« D'autre part, les nationalistes géorgiens de toute nuance ne cachent pas leur répugnance pour ceux qui s'intitulent socialistes. Ils jugent les menchéviks géorgiens indésirables. Ceux-ci en sont pour les concessions qui les ont déshonorés et défigurés. Les chauvins attribuent à l'excès de démocratie du gouvernement de 1918 sa fin prématurée !

« La Géorgie a été victime d'une expérience socialiste » dit M. Duguet, tout en reconnaissant que les menchéviks ont depuis, accompli une évolution « qui est tout à leur honneur » vers des conceptions conservatrices et nationales. Le prince Avalov, grand théoricien du nationalisme géorgien, accuse le gouvernement menchévik géorgien d'avoir préparé la soviétisation dans la mesure où il a brandi des principes démocratiques, tout en reconnaissant — lui aussi — que ces principes dont il a été fait plutôt étalage qu'usage, n'ont pas influencé sa politique extérieure, sagement asservie à celle des puissances impérialistes. Et le colonel C. B. Stokes, qui fut Haut Commissaire Britannique (et qui, à ce titre, remit Batoum aux menchéviks en juillet 1920), explique de même que le vernis rouge qu'il y avait sur le gouvernement menchévik géorgien a amené la faillite de la combinaison : l'essai de 1918 aurait dégoûté l'Europe, au dire de cet anglo-saxon haut parleur !

« On ne s'attardera pas, n'est-ce pas, à réfuter l'expression pour le moins hasardée et outrecuidante « d'expérience socialiste », accolée au régime qui fut appliqué en Géorgie d'avril 1918 à février 1921. Nous sommes tous édifiés sur ce point. Mais ne nous figurons pas un instant, mes amis, que si jamais les menchéviks reprenaient le pouvoir, avec l'aide des nationalistes et des puissances, ils instaureraient un régime socialiste. On les a déjà vus à l'œuvre, hein ? On a vu comment ils ont réussi à faire de la Géorgie, pendant trois ans, l'enfer des ouvriers. Prisonniers des uns et des autres, et ayant déjà poussé la complaisance vis-à-vis des nationalistes jusqu'à leur emprunter leur nationalisme, et vis-à-vis de la bourgeoisie jusqu'à affamer, mater et massacrer les ouvriers et les paysans, ils doteraient la Géorgie soviétique d'une constitution prétendue républicaine qui ressemblerait tout au plus, comme une sœur naine, aux démocraties occidentales d'opéra-comique, et qui n'aurait rien de commun, même de loin, avec les réalisations grandioses que les communistes ont commencé à bâtir sur la place qu'ils leur ont prise. Le « socialisme » en question ici — une série de formules sophistiques pour résoudre cette quadrature du cercle du « socialisme national et bourgeois », à l'écart de la lutte de classes —, n'est qu'une enseigne dont les pays contre-révolutionnaires et les leaders dévoyés de la IIe Internationale ont besoin pour lutter contre la IIIe Internationale. Que ces gens fassent leur cuisine politique et poursuivent des rêves de pouvoir, bon, mais qu'on n'emploie pas dans la circonstance le mot de socialisme, s'il vous plaît. Vous ne luttez que pour récupérer vos portefeuilles, mes bons apôtres, et pas pour autre chose. Les bolchéviks disent ici à la face du monde : Qui veut la fin veut les moyens. Les menchéviks ne sont plus là que pour dire : Qui veut les moyens veut la fin.

« Alors ? Alors, la chauve-souris menchévik géorgienne est honnie, au fond, par tous, et c'est en vain qu'elle se tourne vers l'oiseau, vers la souris — et vers le chat. Alors, les menchéviks qui seuls peuvent mener encore la lutte pour « l'indépendance de la Géorgie », à cause de leurs relations mondiales, ne représentent en réalité rien du tout, et ne s'appuient sur rien.

« Valiko Djougheli, menchévik, a écrit en 1923 : « Au nom de quoi allons-nous lutter maintenant contre le pouvoir soviétique ? Au nom de la Géorgie ? Mais je vois : la Géorgie existe, la langue géorgienne se développe, la Géorgie ne s'effacera plus. Pourquoi donc entreprendre ce qui pourrait la faire disparaître de la surface de la terre ? »

« Le menchévik Devdariani, après avoir constaté que c'est la dislocation de l'État Ouvrier et Paysan tout entier que Jordania prend l'effrayante responsabilité d'envisager et de tenter (cela est établi par des lettres où il fixe le rôle d'agitation du parti menchévik dans ce sens, et sa collusion avec les impérialistes en cas de guerre avec l'U. R. S. S.), écrit : « J'accuse Jordania de n'avoir jamais posé la question des suites graves de la lutte contre le pouvoir soviétique. »

« Donc, ni au point de vue national, ni au point

de vue social, la conspiration que la social-démocratie universelle a eu le grand tort de prendre à
son compte en faisant de la publicité à de criants
mensonges, ne répond à quelque chose. On se
trouve en présence de gens dont tout l'effort et
tout l'espoir tendent à mettre la Géorgie à feu
et à sang, à l'arracher à l'État Ouvrier en dépe-
çant celui-ci sur toute la ligne, et à la livrer aux
puissances voraces, — sous prétexte de lui donner
un statut démocratique qui ne peut pas être aussi
démocratique que celui dont elle jouit actuellement ; une prospérité qui ne peut pas être plus
effective que celle dont elle jouit actuellement,
et une liberté qui serait une servitude comparée
à celle qu'elle tient aujourd'hui. »

Voilà ce qu'il y avait encore à dire.

Et maintenant laissons ce cri vide et qu'on
tourne et retourne en vain pour en faire sortir
quelque chose : L'Indépendance de la Géorgie.
Laissons l'opinion publique cosmopolite jouer
avec parce qu'elle ne sait pas, et parce qu'on a
besoin qu'elle joue, et besoin de renouveler de
temps en temps devant ses yeux puérils la propagande de camelote, prétexte à la croisade, et
l'imagerie de l'homme au couteau entre les
dents.

Voilà tout ce qu'il y avait à dire, et voilà ce
que sont ces hommes qui sont groupés encore

une fois ici, et devant lesquels a dansé cet autre qui figurait le sophisme et la caricature.

Bientôt, je les quitterai. Il m'en coûtera personnellement de me séparer de cette foule d'amis et de frères, puisque je garderai toujours de loin le souvenir encore chaud de leurs mains dans les miennes. Mais nous autres, qui sommes les serviteurs conscients, et si je puis dire, les libres esclaves d'une grande cause, nous nous plaçons au-dessus des questions sentimentales et personnelles, et nous les mettons au second plan, quelles qu'en soient la force et la douceur. Au reste, le souvenir ne meurt que s'il le veut ; ceux qui sont ici rempliront l'éloignement qui sera entre nous. Et si j'ai vu en ce pays beaucoup d'amis, j'ai vu aussi et surtout, beaucoup de grandes choses.

Ceux-ci que je regarde ensemble une dernière fois, sont grands de comprendre les grandes choses. Il y a eu le déluge. Ils sont autres que ce qu'ils étaient : ils sont eux-mêmes, à cause de tout ce qui fut dégagé, déplacé et changé, dans cette Transcaucasie qui est en même temps entre deux continents et entre deux époques.

Il y a là des chefs et des subordonnés. Ils sont tous pareils. (Lénine n'a été un grand chef que parce qu'il a été un pareil. Il n'a commandé à la foule profonde, que parce qu'il lui a obéi. « Ton sauveur, c'est celui qui te fera marcher »). Il y a l'enthousiasme réfléchi, et la propreté morale et la majesté souriante sur les figures, car aucun peuple n'est plus visiblement moral que le peuple

soviétique, pour employer le vieux mot gal-
vaudé par la civilisation des profiteurs d'hommes
— parce qu'aucun n'est plus conscient.

On a planté le drapeau rouge du travail sur la
terre. On a compris et aimé, et fait comprendre
et fait aimer, l'engrenage rigoureux et pur de
la solidarité sociale. Ici, s'est stabilisée, ici et
dans les immenses pays qui tiennent charnelle-
ment à celui-ci, cette révolution qui n'est encore
ailleurs sur le globe que vigies, sentinelles,
cadres qui se dessinent, et grondements, souter-
rains. Vous êtes allés si près du but que pour le
grand public retardataire et court-voyant, vous
l'avez dépassé. Et pourtant, vous savez bien que
« ce que vous avez fait n'est rien à côté de ce
qu'il vous reste à faire. »

Il y a eu deux révolutions l'une sur l'autre.
Des hommes ont été assez lucides et assez acharnés pour ne pas permettre que la première vac-
cinât le pays contre la seconde.

La révolution définitive est posée sur ce sol de
tout le poids des choses. Elle est enracinée dans
ce sol par tous ses morts : ceux qui sont au
pied du Kremlin, ceux qui, ensemble, bossuent
encore les campagnes (près d'Armavir, le long
de la route, cet interminable talus au squelette humain), et tant de monuments élevés, là-
bas, aux soldats qui sont morts pour quelque
chose !

Elle est enracinée aussi par la vie — faire
retourner aux mains des usines elles-mêmes, aux
mains de la terre elle-même, la puissance et le

profit du travail des usines et de la terre, qui
élèvent les villes et les récoltes.

Mes camarades sont les ouvriers manuels d'une
loi qui est écrite en toutes lettres depuis dix ans.
Ils n'ont failli à aucun des engagements pris en
octobre 1917 vis-à-vis des hommes et des peuples
opprimés. Nous n'en démordrons plus. Et, au
fond, la haine, la vague réactionnaire, et toutes
les formes monstreuses de brutalité et de perfidie
qu'elle prend, cela nous est égal. Nous sommes.
Nous continuerons à être. Nous défions.

En face, à l'entour, l'étalage des pays emprisonnés dans « l'ordre » bourgeois. Celui de la
haute banque, des rois et des princes de l'industrie, des larges propriétaires fonciers du modèle
des défunts boyards russes : — tous qui ont réa-
justé leurs droits divins dans des formules politiques. On n'emploie pas, en face, le même langage
qu'ici : lorsque, à ces étrangers du trust impérialiste, nous parlons de la libération du milliard
de bêtes de somme humaines qui restent chez
eux, et de l'élévation réelle des écrasés, et d'un
réel désarmement des pays, c'est comme un
pavé qui tombe au milieu de tous les coin-coin
de leurs orateurs, au milieu de leurs élites ar-
riérées, et de leur démocratie aux nuances dé-
gradées par les industriels politiques, et de leurs
drapeaux rouges lessivés. Oui, autour de vous,
ceci : Le capitalisme qui n'a de principes
que ce qu'il en faut pour cacher ses actes, qui
n'a plus pour tactique éperdue que d'agglo-
mérer par la peur, une coalition anarchique

contre la cause violente du grand nombre, le capitalisme qui vit par la guerre et le chantage de la guerre, et dont Genève, ville fantôme, n'est qu'une colonie.

Que va-t-il se passer ici-bas ? Les jours futurs sont entre les mains des masses, des grandes masses encore demi trompées mais déjà demi éclairées par une lueur claire comme le jour : non pas une propagande d'agents secrets, mais la simple lumière de l'exemple et le sourire solide des hommes nouveaux qui se ressemblent. Forçons l'énergique défensive de l'ignorance. Montrons-leur la vérité et la réalité — et sur elles, et sur nous, et sur les autres, et le sens qu'a pris désormais cette nouvelle jeunesse du monde.

Nous respectons les masses qui se trompent parce que leur foi est de la bonne foi. Mais nous n'avons pas de respect pour le trafic politicien dont se servent tels chefs de file (l'affaire de Géorgie en jette sur le marché un exemple vivant), et vis-à-vis desquels les foules ont encore des habitudes de troupeaux.

Mais partout le prolétariat, vaste soldat latent, grand bâtisseur endormi, se réveille. Partout, les travailleurs, les hommes, sont les plus forts. Donc partout ils sont les vainqueurs. Des vainqueurs à qui il manque la victoire ? « S'il vous manque la victoire, prenez-la ! »

Quant à vous autres, compatriotes soviétiques, vous, les honnêtes gens déchaînés, vous qui avez orchestré le cri déchirant de la vie, vous qui vous êtes faits, vous-mêmes et vous seuls, votre place sur la sixième partie de la mappemonde, vous de qui les prolétaires encore vaincus d'occident apprendront leur métier de vainqueurs, vous êtes un grand peuple ; vous serez le plus grand — en attendant que vous soyez le seul.

Mai 1928.

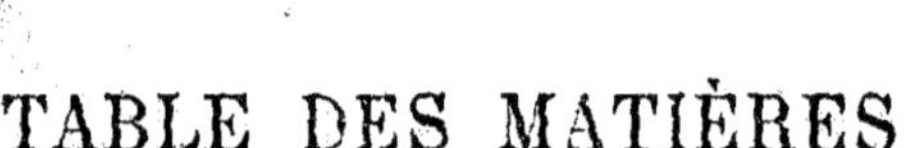

TABLE DES MATIÈRES

TABLE DES MATIÈRES

I. — LES SOIRS DU CAUCASE 5

   Yanéouli 7

   Akhalkhalaki. 22

   Léninakan 36

   Batoum 43

   Bakou 45

II. — MATINS 57

III. — CE QUI S'EST PASSÉ 71

IV. — LES RÉSULTATS ACQUIS 153

   L'Ensemble 153

   La Géorgie 178

   La Terre 179

   Le Travail Technique Collectif en Géorgie 183

   L'Outillage Agricole en Géorgie 185

   Le régime des Eaux en Géorgie 187

   Le Plan de Cinq Ans 189

   L'Agriculture en Géorgie 193

   L'Industrie en Géorgie 200

   Le travail et la situation de l'ouvrier en Géorgie . . 208

   Les Syndicats. 213

Le Mécanisme du Pouvoir en Géorgie. 215
L'Instruction publique en Géorgie. 222
L'Action éducatrice et politique en Géorgie 225
La Coopération en Géorgie 227
Les Enfants abandonnés 229
La Science en Géorgie 231
Les Beaux-Arts en Géorgie 234
Les Editions d'Etat en Géorgie 235
La Santé publique en Géorgie 237
L'Arménie 244
L'Agriculture en Arménie. 246
L'Industrie en Arménie. 252
L'Hygiène Sociale en Arménie. 258
L'Instruction publique, les Sciences et les Arts en
  Arménie 261
Les finances de l'Arménie 265
L'Azerbaidjan 268
Le Budget des travailleurs du pétrole 271
L'Industrie dans l'Azerbaidjan. 275
L'Instruction publique en Azerbaidjan 277
L'Agriculture en Azerbaidjan 279

V. — NATIONALITÉ ET LIBERTÉ 287

E. GREVIN — IMPRIMERIE DE LAGNY — 3-1929.

VOICI CE QU'ON A FAIT DE LA GÉORGIE

www.ingramcontent.com/pod-product-compliance
Lightning Source LLC
LaVergne TN
LVHW051055060726
842525LV00003B/654